Personzentrierte Beratung & Therapie; Band 1

GwG | Herausgegeben von der Gesellschaft für wissenschaftliche Gesprächspsychotherapie e.V., Köln

Inghard Langer • Stefan Langer

Jugendliche begleiten und beraten

Mit 9 Abbildungen und 4 Tabellen

Ernst Reinhardt Verlag München Basel

Prof. Dr. Inghard Langer, lehrt Psychologie an der Universität Hamburg mit den Schwerpunkten Persönlichkeitsförderung, Sprach- und Kommunikationspsychologie; Mitautor des Buches „Sich verständlich ausdrücken" (zusammen mit Friedemann Schulz von Thun und Reinhard Tausch) im Ernst Reinhardt Verlag

Dipl. Soz.-Päd. Stefan Langer, Lüneburg, arbeitet in der Jugendhilfe (Betreuung, Beratung, Jungenförderung und Anleitung von Jugendlichengruppen)

Covergestaltung unter Verwendung eines Werkes von Lioba Hartmann, München

Bibliografische Information der Deutschen Bibliothek

Die Deutsche Bibliothek verzeichnet diese Publikation in der Deutschen Nationalbibliografie; detaillierte bibliografische Daten sind im Internet über ‹http://dnb.ddb.de› abrufbar.
    ISBN 3-497-01760-4
    ISSN 1860-5486

Printed in Germany
Reihenkonzeption Umschlag: Oliver Linke, Augsburg
Satz: KompetenzCenter, Mönchengladbach
Druck und Bindung: Friedrich Pustet, Regensburg

Ernst Reinhardt Verlag, Kemnatenstr. 46, D-80639 München
Net: www.reinhardt-verlag.de Mail: info@reinhardt-verlag.de

Inhalt

1 Pubertät – Lebensphase wichtiger Wandlungen

Ein wichtiger Schritt in der Begleitung und Beratung von Jugendlichen ist es, die Jugendlichen und ihre Eltern – soweit präsent – über die Lebenssituation im Jugendalter zu informieren. Der folgende Überblick dient dazu, professionelle Helferinnen und Helfer in dieser Aufgabe zu unterstützen und ihnen eine einfach gehaltene Darstellung zur Verfügung zu stellen, die sie an Eltern oder Jugendliche weitergeben können. Dabei geht es im ersten Kapitel in erster Linie darum, die Lebenslage von Jugendlichen zu verstehen. Hilfreich hierfür sind auch die kostenlos zugänglichen Artikel zu diesem Thema auf der Internetseite www.familien handbuch.de (Fthenakis/Textor).

Wissenschaftlich begründete und praktische Grundlagen zu Interventionen und Handlungsschritten sind in den Kapiteln 2 und 3 zu finden. So auch Themen wie „Grenzen setzen" oder „konsequent sein", die für Eltern und Jugendliche einfühlsam behandelt und verständlich gemacht werden.

1.1 Orientierende Haltungen

Zur Einstimmung: Die nachfolgenden Äußerungen von Eltern aus einer Fortbildungsveranstaltung zu unserem Thema fanden humorvoll-zustimmende Resonanz.

> „In der Pubertät schwindet die letzte Hoffnung, dass das Kind so wird, wie wir es uns vorgestellt haben. Es wird wie es wird. Man freut sich daran, begleitet es, lernt wieder zu staunen und verändert sich selbst, wächst mit."

> „Es ist nicht alles pathologisch, was Lehrerinnen und Lehrern nicht gefällt."

> Eine langjährig als Psychotherapeutin tätige Mutter meinte: „Das Kind muss wissen: ‚Meine Eltern halten zu mir, auch wenn ich unausstehlich bin oder über die Stränge schlage.' Daraus erwächst eine tragfähige Bindung des Kindes zu den Eltern und tragfähige Bindung der Eltern zum Kind. Tragfähig heißt auch, sich Konflikten und z.T. heftigen (machtfreien) Auseinandersetzungen zu stellen. – Faires Streiten verbindet und lädt dazu ein, eine aufrichtige Versöhnungskultur zu entwickeln."

Von Johann Wolfgang von Goethe erfahren wir, dass es nicht ganz einfach sein kann, Jugendliche zu begleiten, und lesen zugleich den äußerst hilfreichen Vorschlag für Erwachsene, sich auf die eigene Jugendzeit zu besinnen:

„Sag nur, wie trägst du so behäglich
der tollen Jugend anmaßendes Wesen?
Fürwahr, sie wären unerträglich,
Wär' ich nicht auch unerträglich gewesen."
(Reiners 1970, 55)

In der Tat fand sich in Gesprächen mit Eltern über ihre eigene Pubertät und die ihrer Kinder so manches Aufatmen: „Gott sei Dank ist mein Kind nicht so schlimm wie ich es damals war!" Im Leserbrief (in der Frauenzeitschrift „Für Sie" 19/2004) einer Mutter zu einem Artikel „Wie sexy darf meine Tochter aussehen?" hört sich das folgendermaßen an:

„Beim Lesen dieses Aufreger-Themas fühlte ich mich persönlich angesprochen. Ich habe zwei pubertierende Töchter und frage mich in letzter Zeit oft: ‚Sind das wirklich deine Kinder?' Sie leben in ihrer eigenen Welt und kapseln sich total ab. Alle guten Worte und alles Zureden hilft nichts. Mein Mann ist nur noch genervt, will nichts damit zu tun haben. Wenn ich mal wieder kurz vorm Nervenzusammenbruch stehe, erinnere ich mich an meine Pubertät. Ich bin damals genauso ausgeflippt rumgelaufen wie meine Töchter heute und war unausstehlich. Mein Trost: Irgendwann ist dieser Albtraum Gott sei Dank vorbei und nur noch Erinnerung."

1.2 Wandlungen im Leben

Leben vollzieht sich im Spannungsfeld von Wandlung und Stabilisierung. Sich zu wandeln und das Erreichte zu stabilisieren begleiten uns ständig auf unserem Lebensweg. Manche Wandlungen sind umfassender, viele vollziehen sich in kleinen Schritten. Starke Wandlungsschübe erfolgen im Mutterleib zur Geburt, in den Lebenserkundungen der Zweijährigen (sogenannte Trotzphase), gewiss auch zur Einschulung, dann – und da besonders wuchtig – in der Pubertät, danach mit dem „Einstand" als erwachsene Person. Von dort geht es dann weiter mit den Phasen des Reifens und Welkens. Hier sind die Eltern selbst betroffen: in ihrer Bilanz zur ersten Lebenshälfte, vielfach mit einer Neuausrichtung des Lebens, besonders auch wenn das „Nest" leer geworden ist, wenn die Kinder erwachsen und „ausgeflogen" sind. Mit den sogenannten Wechseljahren, den Zeiten des Alterns und der Vorbereitung auf das Lebensende schließt der Prozess des Sich-Wandelns.

Tab. 1.1: Unterschiedliche Lebenszusammenhänge von Jugendlichen und ihren Eltern

Jugendliche	Erwachsene
Etwa 15 Jahre auf der Welt und damit etwa 25 Jahre neuer und moderner als die Eltern.	Etwa 40 Jahre auf der Welt und damit etwa 25 Jahre „weiter" und gereifter als die Jugendlichen.
Zunehmen der Triebwünsche, ‚sexuelle Abenteuer', ‚erste Liebe'	Nachlassen der Triebwünsche, stabilisierte Sexualität, Ehekrise, Streit, Trennung
Suche nach Perspektiven für Leben, Arbeit, Freizeit	Gefestigte Verhältnisse in Beruf und Beziehungen, auch Enttäuschungen/Arbeitslosigkeit
Träume vom schnellen Auto oder Motorrad	Wiederentdeckung des Fahrrads (auch zur Gesunderhaltung)
Noch Taschengeld oder geringes Lehrgeld	Materiell geregeltes Auskommen
Neugierde, Unternehmungslust	Planung, Routine
Auf dem Weg zum Höhepunkt physischer und kognitiver Leistungsfähigkeit	Abnahme physischer und auch kognitiver Leistungsfähigkeit
Unerfahren mit Behörden, Karrierebahnungen oder gesellschaftlichen Aufgaben	Erfahren und „besser-wissend"
Wenig Mittel, das Leben eigenständig zu gestalten	Mehr Einfluss auf eigene Gestaltung und persönlich gemäße Lebensweise

Jugendliche und Eltern befinden sich zur selben Zeit in sehr verschiedenen Wandlungsphasen. Dies kann zu erheblichen Missverständnissen und Spannungen führen. Ausgewählte Beispiele sind in Tabelle 1.1 aufgeführt.

Im weiteren Verlauf von Kapitel 1 über die Situation von Jugendlichen wird dieser Lebensphasen-Kontrast Erwachsene/Jugendliche sowie das damit verbundene Konfliktpotential noch deutlicher werden. Beginnen wir mit der Lebenslage von Jugendlichen in der Pubertät.

1.3   Was ist charakteristisch an Pubertät und Adoleszenz? – Ein kurzer Überblick

1.3.1   Klärung der Begriffe Pubertät, Vor-Pubertät, Adoleszenz, Heranwachsen und Jugend

Pubertät wird verstanden als Zeit der Geschlechtsreife. Der Begriff bezieht sich vornehmlich auf die körperliche Entwicklung, schließt jedoch seelische und verhaltensmäßige Begleiterscheinungen mit ein. Von Person zu Person kann dieser Reifungsprozess sehr unterschiedlich verlaufen. Er kann sehr früh einsetzen, mit 10 Jahren, oder relativ spät und erst mit 18 Jahren abgeschlossen werden. So ist es sinnvoll – wenn auch nicht gebräuchlich –, im Plural, von individuell verlaufenden Pubertäten, zu sprechen.

Die Zeit zwischen 5–10 Jahren wird als Vor-Pubertät angesehen. Lustvolle Entdeckungen an den eigenen Geschlechtsorganen gehören hier zu den Erlebnissen „im Geheimen", integriert in vielfältiges körperlich-sinnliches Kinderspiel und zumeist ohne größere Spannungen und Konflikte mit den Eltern. Die Vor-Pubertät geht mit einem Wachstumsschub bei Mädchen und Jungen sowie mit einem sich verbreiternden Becken bei den Mädchen in die Pubertät über.

Adoleszenz kann mit Jugendzeit gleichgesetzt werden und meint die Zeit zwischen Kindheit und Erwachsensein. Sie ist überlappend mit der Pubertät und geht zeitlich darüber hinaus, bis etwa zum 25. Lebensjahr. Adoleszenz ist auch gemeint, wenn von der Zeit des **Heranwachsens** gesprochen wird. Die Dauer der Jugendphase ist von dem Umgang der Gesellschaft mit ihrem Nachwuchs abhängig. In der westeuropäischen Zivilisation ist sie sehr lang. Manche naturnah lebenden Völker, z.B. die Ko-Buschleute im zentralen Teil des südlichen Afrikas, haben wirksame Übergangsriten (sogenannte Initiationsriten) vom Mädchen zur Frau und vom Jungen zum Mann entwickelt. Sie kommen mit sehr kurzen „Jugendzeiten" aus.

Jugend als Lebens- und Entwicklungsphase ist in Deutschland ein relativ junger Begriff. In der Zeit vor der industriellen Revolution gab es die Begriffe von Kindheit und Jugend noch nicht im Sinne eines eigenständigen Entwicklungsabschnittes. Münchmeier (2001, 816) weist darauf hin, dass „Jugend nicht nur eine Lebensaltersgruppe meint, sondern zugleich ein Strukturmuster darstellt, eine gesellschaftlich entwickelte und ausgestaltete Lebensphase, die den Zweck hat, bestimmte gesellschaftliche Erfordernisse und Funktionen zu gewährleisten". Jugend als Entwicklungsphase ist in diesem Sinne eine gesellschaftliche Konstruktion des 19. Jahrhunderts, um eine ganze Altersgruppe von einem seinerzeit über- füllten Arbeitsmarkt fernzuhalten. Und heute?

1.3.2 Körperliche Entwicklungen

Die körperlichen Entwicklungen in der Pubertät lassen sich in drei Phasen einteilen: beginnende Pubertät (10–12 Jahre), „mitten drin", (13–15 Jahre), integrierende Ausreifung (16–18 Jahre) zur erwachsenen Frau, zum er- wachsenen Mann.

Die Reifungsmerkmale für Mädchen und Jungen sind in Tabelle 1.2 zusammengestellt. Auch in unserer „aufgeklärten" Zeit sind die Vorgänge bei den Beteiligten im Detail wenig bekannt und durchaus von bangen Fragen begleitet: „Ist das normal?" Gespräche darüber finden selten statt, weder unter Jugendlichen, noch mit Erwachsenen oder in der Schule. So dient die Tabelle und ihr Einführungstext auch dazu, sie Jugendlichen zur Orientierung auszuhändigen.

Tab. 1.2: Körperliche Entwicklung bei Mädchen und Jungen in der Pubertät

Die körperliche Entwicklung in der Pubertät kann von Mädchen zu Mädchen und von Junge zu Junge recht unterschiedlich beginnen und in sehr verschie- denem Tempo ablaufen. Mit 12, 13 Jahren, also in einer 6., 7. Schulklasse, kommen gewaltige Unterschiede zusammen: „Riesen" in Erwachsenengröße, beinah schon Männer, und „Zwerge", einen ganzen Kopf kleiner, genauso wie „Beinah-schon-Frauen" und körperlich noch kindlich wirkende Mädchen. Egal wo sich jemand in dieser Bandbreite befindet: Keine Bange! Mit 16, 17 Jahren, also in der 10., 11. Klasse oder in der Berufsschule, kann das schon ganz anders aussehen: Der vormals „Kleine" kann nun in gleicher Augenhöhe mit dem vormaligen „Riesen" sprechen. Das vormals kindlich wirkende Mädchen hat nun weiblich ausgeprägte Körperformen und ist in dieser Hin- sicht nicht mehr von der vormaligen „Beinah-schon-Frau" zu unterscheiden.

Mädchen	Jungen
Die Vor-Pubertät endet mit der Verbreiterung des Beckens und des Gesäßes."In-die-Höhe-Schießen"; in Spitzenzeiten bis zu einem Zentimeter im Monat und damit zwölf Zentimeter im Jahr.	„In-die-Höhe-Schießen", ein bis zwei Jahre später als bei den Mädchen, jedoch mit noch größerer Schubkraft, in Spitzenzeiten bis zu 15 Zentimeter im Jahr.

Mädchen	Jungen
Dunklerwerden (Pigmentierung) der Schamlippen, der Brustwarzen (mit den Höfen drumherum) und des Afters mit seinen Ausläufern in die Po-Ritze.	Dunklerwerden (Pigmentierung) der Geschlechtsteile, der Brustwarzen (mit den Höfen drumherum) und des Afters mit seinen Ausläufern in die Po-Ritze.
Ausbildung und Kräuselung der Achsel- und Scham-Behaarung. Beginnende Bein-Behaarung (zumeist begrenzt auf die Unterschenkel).	Ausbildung und Kräuselung der Achsel- und Scham-Behaarung. Auch Bauch und Brustbehaarung. Dichter werdender Flaum in der Bartregion und Härterwerden der Barthaare.
Zunahme an Duftdrüsen in der Haut (vor allem in den Achselhöhlen, an den Schamhaaren, rund um den After, am Bauch, in den Leistenfalten, da wo die Beine ansetzen, an Brustwarzen, Augenlidern und an der Nase). Ausbildung eines individuellen, unverkennbaren Körperdufts. (Die Natur hat alles vorbereitet, jemanden zu finden, der einen gut riechen kann.)	Zunahme an Duftdrüsen in der Haut, (vor allem in den Achselhöhlen, an den Schamhaaren, rund um den After, an Brustwarzen, Augenlidern, im Gehörgang und an der Nase). Insgesamt weniger und schwächer als bei den Mädchen. Doch auch hier: Die Natur hat alles vorbereitet, eine Person zu finden, die einen gut riechen kann.
Vermehrte Talg-Produktion der Haut. Pusteln und Pickel können die Folge sein.	Vermehrte Talg-Produktion der Haut. Pusteln und Pickel können die Folge sein.
Feuchtigkeit und Ausfluss aus der Scheide.	Der Penis wächst in die Länge und wird dicker.
Die flache, kindliche Brust wächst knospenförmig und wölbt sich zunehmend zur weiblichen Brust. Dabei heben und vergrößern sich die Brustwarzen und der „Hof" drumherum.	Auch bei Jungen wölbt sich die Brust, etwa wie anfänglich bei den Mädchen und es heben und vergrößern sich die Brustwarzen. Die Wölbung der Brust bildet sich nach einigen Monaten zurück.
Eierstöcke und Gebärmutter reifen aus.	Die Hoden werden größer, der Hodensack weitet sich und seine Haut bildet feine Falten, so dass der Hodensack dickhäutiger und dunkler wirkt.

Mädchen	Jungen
Erste Blutungen (Menstruation), die zunehmend regelmäßig werden (alle 28,5 Tage).	Vergrößerung des Kehlkopfs und der Stimmbänder. Stimmbruch: Die helle Kinderstimme wird brüchig und zu einer tieferen männlichen Stimme gewandelt. Muskulöser werden, „breite Schultern".
Mit der nun einsetzenden Fortpflanzungsfähigkeit hat sich das Mädchen zur Frau entwickelt.	Samenerguss im Schlaf möglich. Zunehmendes Auftreten reifer, zur Fortpflanzung fähiger Spermen. Der Junge hat sich zum Mann entwickelt.

1.3.3 Hormonelle Steuerung und Bahnungen im Gehirn

Die körperliche Reifung erfolgt in einem vielfältigen Wirkungs- und Bedingungsgeflecht. Die genetische Ausgangsbasis (die Chromosomen-Kombination XX für die mädchenhafte und weibliche Körpergestalt oder XY für die jungenhafte und männliche Körpergestalt) ist ein entscheidender Faktor. Die Vernetzung der Zellen und Drüsen im Gehirn wird in allen Entwicklungsphasen davon gestaltet. Die Strukturierungen im Gehirn erfolgen weiterhin durch all die tagtäglichen Erfahrungen, durch Ernährung, Beziehungen zu den Eltern, Verwandten, Freundinnen und Freunden, durch Spielen und Lernen, durch körperliche, gefühlsmäßige und geistige Anregungen, durch klimatische, kulturelle und zivilisatorische Verhältnisse, etwa auch die audiovisuellen Medien und vieles mehr. Alles ist mit allem verbunden und gegenseitig Ursache und Wirkung zugleich. Wissenschaftlich sind Details dazu erst ansatzweise durchdrungen. Vieles spricht dafür, dass diese Bildung von Vernetzungen oder die Zurückbildung nicht mehr gebrauchter Bahnungen das ganze Leben über andauern.

Zentral für die hormonelle Steuerung der sexuellen Reifung, wie auch weiterer wichtiger Lebensfunktionen, ist die Hypophyse, eine Drüse im Gehirn, auch Hirn-Anhangsdrüse genannt. Sie setzt Hormone frei, die weitere Drüsen und Zellschichten im Körper (z. B. die Schilddrüse oder die Nebennierenrinde) beeinflussen, weitere Hormone zu produzieren, die wiederum die Keimdrüsen der Jungen (Hoden) bzw. die Keimdrüsen der Mädchen (Eierstöcke) aktivieren. Diese Vorgänge gehören einem ausgeklügelten Gefüge innerkörperlicher Kommunikation mit Botenstoffen an. Beschränken wir uns daher auf die Sexualhormone.

In den Hoden wird das männliche Geschlechtshormon Testosteron gebildet (auch weitere Hormone, in geringen Mengen auch weibliche Geschlechtshormone). Testosteron ist primär an der Ausgestaltung der männlichen Körperformen und Geschlechtsmerkmale beteiligt. Ohne Testosteron wäre die Körperform des Mannes eine abgeschwächte weibliche Form.

In den Eierstöcken werden die weiblichen Geschlechtshormone gebildet, vor allem Östrogene und Gestagene, von denen es jeweils mehrere Unterarten gibt. In geringen Mengen werden hier auch männliche Hormone (Testosteron) gebildet. Die weiblichen Hormone sind an einer verstärkten Entwicklung und Ausgestaltung der weiblichen Körperformen und Geschlechtsmerkmale beteiligt.

Die Sexualhormone wirken vielfältig auf das Gehirn zurück, auf die Vernetzung der Gehirnzellen, auf Botenstoffe (z. B. Dopamin), die bestimmte Hirn-Bereiche aktivieren und maßgeblich zu ihrer Funktion beitragen. Dies wiederum trägt zu Stimmungslagen bei, z. B. himmelhoch jauchzend – zu Tode betrübt, lustvoll sein, sich niedergeschlagen fühlen, wagemutig sein: „Was kostet die Welt?!" Ein höherer Östrogen-Spiegel hebt bei Mädchen/Frauen in der Regel die Stimmung, ein niedriger Östrogenspiegel kann zu depressiven Verstimmungen beitragen. Ein höherer Testosteronspiegel führt bei Jungen/Männern zu erhöhter Aktivität sowie sexuell gefärbter und auch allgemeiner Aggressivität.

Aber wie gesagt: Alles hängt mit Allem zusammen. Besonders das Umfeld von Jugendlichen – Eltern, Geschwister, Verwandte, Freundinnen/ Freunde, Schule/Ausbildungsstätten, Berufs- und Lebensperspektiven spielen und steuern maßgeblich mit. Eines ist dabei sehr tröstlich: Wenn eine jugendliche oder auch ältere Person schwierige, belastende und herabstimmende Lebenszeiten hatte oder in sehr einseitige Lebensgewohnheiten hineingerutscht ist, so lässt sich doch das Steuer wieder herumreißen und in lebendigere Lebensweisen, Gehirn- und Körperstrukturen wandeln. Allerdings braucht dies Zeit und Geduld.

1.4 Erkunden, Bewerten, Sich-Ausrichten – Entwicklungsschritte im Jugendalter

Jugendliche, Mädchen wie Jungen, sind auf dem Weg, eigenständige Persönlichkeiten zu werden. Dazu gehört es, vielfältige Seiten von sich selbst kennen zu lernen, andere Menschen in ihren Umgangsweisen zu erfahren und daraus zu lernen sowie zu erkennen, „was die Welt im Innersten zusammenhält", zumindest einiges davon. Eine weitläufige Lernlandschaft liegt vor den Jugendlichen; natürlich auch vor den Eltern, vor Erwachsenen überhaupt und vor professionellen Helferinnen und Helfern allemal.

1.4.1 Erkundungsimpulse

Ausgangspunkt der Persönlichkeitsentwicklung – übrigens auch schon von klein auf und bis ins hohe Alter – sind Erkundungsimpulse aus dem Wissen- und Werdenwollen der Person. Und was wollen Kinder und Jugendliche nicht alles wissen! Sie brauchen zahllose Wahrnehmungen, Erfahrungen Bewertungen aus ihrem Empfinden und ihrer sich entwickelnden Urteilskraft heraus, um daraus ableiten zu können, wie sie werden wollen.

> Ein Beispiel: Tina, 12 Jahre, hellblond, entdeckt, dass sich viele Jungen für sie interessieren. Sie vermutet, dass die Jungen mehr an ihren Haaren als an ihr selbst interessiert sind. Ihre Eltern sprechen von ihr des öfteren als von „unserem Sonnenschein". Sie möchte nicht so reduziert wahrgenommen werden und spricht mit ihrer Freundin Julia darüber. Julia ist dunkelhaarig. Die beiden Mädchen beschließen, herauszufinden wie es ist, wie Jungen, Freundinnen, Eltern, andere Erwachsene auf sie reagieren, wenn sie eine andere Haarfarbe tragen. Tina will ihre Haare schwarz färben, Julia rot. „Shocking", lachen beide noch, als sie sich verabschieden.

1.4.2 Reaktionen und Erfahrungen

Der Weg zu den neuen Erfahrungen führt allerdings in vielen Fällen über Personen, die Macht und Einfluss auf die Erkundungsimpulse einer Person nehmen. Im Kindes- und Jugendalter sind dies vor allem die Eltern, Erzieherinnen, Erzieher, Lehrerinnen und Lehrer. Beschränken wir uns bei dem Wunsch von Tina und Julia, sich die Haare zu färben, auf die Eltern. Diese reagieren – gelinde gesagt – entsetzt über das Vorhaben der Mädchen, und zwar kurz und schroff. Eigentlich möchten sie ihre Kinder schon gerne beraten und begleiten und sich Zeit für deren innere Welt nehmen. Doch der Lebensstress, in dem sich Eltern oft selbst befinden, reduziert die elterliche Stellungnahme und den Eltern-Kind-Dialog. Es kommt zu einem erschrockenen, kurzen, trockenen und absolut verbietenden „Du bist wohl verrückt!"

Da ist natürlich etwas schief gelaufen. Im folgenden Abschnitt wird dies deutlicher.

1.4.3 Lernlandschaft „Dazwischen"

Offensichtlich wurde die Situation nicht genutzt, miteinander ins Gespräch zu kommen, den jeweils eigenen Standpunkt deutlicher wahrzunehmen und im Spannungsfeld der einander entgegenstehenden Auffassungen realer werden zu lassen. Eltern und Jugendliche sind einander *ver*-gegnet, statt einander zu *be*-gegnen, wie Martin Buber es ausdrückt.

Hier geht es um einen zentralen Vorgang im Miteinander von Menschen, nicht nur für Jugendliche und Eltern, sondern für Menschen in allen Lebenslagen: Verpasst wurde, dass zwischen Eltern und Jugendlichen im Moment der Mitteilung, die Haare färben zu wollen, eine Kontakt-Dichte entstehen konnte, ein beziehungsstiftendes „Dazwischen", wie Martin Buber es nennt. An jedem förderlichen Miteinander sind drei Aspekte beteiligt:

1. Ein Anliegen mitteilen, als Signal aus der inneren Welt der einen Person im Kontakt miteinander.
2. Aufnehmen, hören, sehen, spüren, das Anliegen der Person mit der eigenen inneren Welt verbinden und dies mitteilen.
3. Beiderseitiges Innehalten, einander zugewandt bleiben, spüren, staunen und sich dem entstehenden Prozess anvertrauen, einander weiteres mitzuteilen.

Auf das Haarbeispiel bezogen:

■ Erstens der Wunsch nach alternativen Erfahrungen mit der Haarfarbe, um die individuelle Bedeutung der Haarfarbe im Beziehungsgefüge zu anderen Menschen realistischer einschätzen zu können. Oder einfach der Wunsch, sich auszuprobieren.

■ Zweitens die elterlichen Vorstellungen, Erfahrungen und auch ein Wissen um eventuelle Beeinträchtigung von Haut und Haaren durch Färbemittel und vielleicht auch die Scheu: „Was werden die Nachbarn sagen? Und erst die Lehrer!"

■ Drittens: Im gegenseitigen Respekt entsteht zwischen den Personen und ihren Standpunkten eine spürbare Qualität im Miteinander. Die Spannung mit den einander entgegenstehenden Standorten wird gehalten und lädt zum Gespräch und Austausch ein. Vieles an diesem „Dazwischen" erfolgt nicht-sprachlich, in der Körperhaltung zueinander, in Mimik, Gestik, Blickkontakt (für den anderen eine „angesehene" Person sein und ihr gleichfalls Ansehen zu geben), Atem-Tiefe, Stimmfärbung und vieles mehr. Jugendliche begleiten und beraten heißt, von Mal zu Mal achtsamer zu werden für dieses „Dazwischen", es zu gestalten und zu entwickeln sowie sich selbst und die jeweilige Person, mit der wir in Beziehung stehen, darin zu bestärken.

Von unschätzbarem Wert für ein derartiges Miteinander von Personen, und natürlich auch für Eltern und deren Kinder, sind gemeinsame Interessen, Beschäftigungen, Spiele, Aufgaben. Sie geben immer wieder Gelegenheiten

zu persönlichem „Dazwischen", getragen von einem dazugehörigen sach-
lichen Austausch, einer „dritten Sache", wie es in einem Gedicht „Lob der
dritten Sache" von Bertold Brecht trefflich beschrieben wird. Die Mutter
sagt dort von ihrem Sohn:

> „Er und ich waren zwei, aber die dritte
> Gemeinsame Sache, gemeinsam betrieben, war es, die
> Uns einte." (1981, 1159).

All dies ist gewiss leichter gesagt als getan, aber nahezu alle weiteren Seiten
in diesem Buch vermitteln dazu hilfreiche Vorschläge und Schritte.

1.4.4 Im Wandel wankend werden

Das Rad des Erkundens und Sich-Ausrichtens

Die Felder des Erkunden-Wollens und Erfahrungen-Sammelns von
Jugendlichen sind zahlreich. Eine Auswahl daraus ist in Abbildung 1.1
(s. Seite 20) eingefügt. Im Mittelpunkt steht die jugendliche Person mit
ihren erkundenden Impulsen und Initiativen. Strahlenförmig davon ausgehend, wie die Speichen eines Rades, sind Themen und Inhalte des Erkundens und Erfahrung-Sammelns dargestellt. Das Haarebeispiel von Tina
und Julia findet sich als „Speiche" senkrecht nach oben in der Abbildung.
   Die „Räder" in der realen Welt von Jugendlichen haben wesentlich mehr
und konkretere „Speichen." Die Pfeilspitzen, mit denen die „Speichen"
vom Mittelpunkt, der Nabe des Rades, ausgehen, symbolisieren, dass es
sich um Initiativen und Erkundungsimpulse handelt, die von einer jugendlichen Person („ich bin") im Mittelpunkt ausgehen.
   Zahlreiche Anregungen, Angebote, Anforderungen und Erfahrungsmöglichkeiten werden von Außen an Jugendliche herangetragen, gehen
vom jeweiligen Lebensraum, anderen Menschen, örtlichen Gegebenheiten
(Sportstätten, Skateboard-Bahn, Abenteuerspielplatz, kulturellen Angeboten), Ausbildungsstätten (Schule, Berufsschule, weiterführende Schulen)
aus, auch von Freundinnen und Freunden, die über ihre Erfahrungen
sprechen oder zum Mitkommen und Miterleben einladen. Daher sind die
„Speichen" auch mit Pfeilen vom Rand, von der Felge des Rades aus, ver-
sehen. Diese Pfeile symbolisieren die Impulse, Initiativen und Erfahrungs-
angebote „von außen". In unserem Beispiel mit den Haaren wären dies die
Bewertungen der Haarfarbe unter Jugendlichen, in der Werbung und auch
das entsetzte „Du bist wohl verrückt!" seitens der Eltern.
   Weitere Angebote, die mit diesen Pfeilen vom Rande, von der Felge
des Rades, mitgemeint sind, wären z.B.: Abenteuer-Angebote, Stadtteil-
Turniere (in verschiedenen Sportarten, Spielen, Geschicklichkeiten), schuli-

Abb. 1.1: *Das Rad des Erkundens und des Sich-Ausrichtens im Spannungsfeld von Wollen, Sollen und Werden*

sche Lebensanregungen, Musik- und Tanzveranstaltungen, Neigungsgruppen als Nachmittagsangebote an Schulen, Angebote in Sportvereinen usw.

Impulse, Initiativen und Bewertungen einer sich entwickelnden Person, einerseits, und Initiativen und Bewertungen aus der Umgebung, andererseits, bedürfen eines einander respektierenden Zueinander-Findens, wie es bereits in Abschnitt 1.4.3 beschrieben wurde. Dieser Bereich, das jeweilige Miteinander und Sich-Treffen im „Dazwischen", ist gestrichelt zwischen den Pfeilspitzen als Mittelteil der „Speichen" gezeichnet.

Vom Außer-Sich-Sein

Jeder Tag von Jugendlichen bringt neue Ausrichtungen und Erfahrungen in den vielfältigen Lebensbezügen mit sich. Dies erfordert es eigentlich, eine stabile Lebens- und Orientierungsbasis in sich gefunden zu haben, einen

„inneren Kompass", wie Carl Rogers es nennt. Doch die Basis, der „innere Kompass", ist noch in der Entwicklung.

Um den zahlreichen Impulsen und Anforderungen aus der Lebensumgebung gerecht werden zu können, reagieren zahlreiche Jugendliche (Erwachsene vielfach ebenso) komplementär. Das heißt, sie verlegen das Zentrum ihrer Aufmerksamkeit auf die Erwartungen und Bewertungen der Umgebung, in der sie sich gerade befinden, finden Sicherheit im „Dagegen", rebellieren unter Umständen lautstark oder provozieren (Gegen-Abhängigkeit). Seltener (heutzutage) wird Sicherheit in direkter Abhängigkeit, im Befolgen ohne innere Überzeugung, im „Dafür", gesucht. Es geht also (noch) nicht um ein eigenes, stimmiges, persönliches Urteilen, sondern um Ableitungen, „Hochrechnungen" aufgrund der äußeren Gegebenheiten. Die Bezugsperson bzw. die Institution, die sie vertritt, steht im Mittelpunkt. Von ihr wird ausgegangen; auf sie bezogen wird reagiert. Sie wird in der Abhängigkeit quasi gespiegelt. Die innere Welt der jugendlichen Person, ihre Impulse, Wünsche, ihre wirklichen Empfindungen und Strebungen bleiben verborgen.

Beide Bezugs-Mittelpunkte, der innere eigene und der auf Wirkung bei anderen „hochgerechnete", können auch im Nacheinander verwirklicht werden. Ein Paradebeispiel dafür sind so manche Verabschiedungsvarianten, die etliche Jugendliche praktizieren, wenn sie für eine gewisse Zeit etwas mit Gleichaltrigen unternehmen:

> Jan, 12 Jahre, wird von seinen Freunden zum Grillen am See abgeholt. Er hat eine sehr warmherzige und nahe Beziehung zu seiner Mutter. Kurz vor der verabredeten Abholzeit verabschiedet er sich von ihr mit einer liebevollen beidseitigen Umarmung und guten Wünschen für die nächsten Stunden. Dann stehen die Freunde vor der Tür. Jan ergreift seine Tasche mit den Grill-Utensilien und verabschiedet sich ein zweites Mal, dieses Mal ohne Blickkontakt und betont kurz. Das Wort „Tschüs" genügt und ist in der Abwendung im Weggehen kaum zu vernehmen. Diese Verabschiedung gilt nicht mehr der Mutter, sondern ist eher als Signal an die Freunde gerichtet: „Guckt wie unabhängig und selbstständig ich schon bin!" – Nebenbei bemerkt: Die Freunde verabschieden sich auch von Jans Mutter. Sie sind viel freundlicher, nehmen Blickkontakt auf, lächeln und finden höfliche Worte.

Komplementäre Reaktionen und Ausrichtungen im Jugendalter (und auch für Erwachsene) sind auf Dauer für die Jugendlichen selbst anstrengend und erfordern von ihnen sehr viel Aufmerksamkeit. Diese Reaktionsweise verhindert Kontakt und Beziehung. Sie verhindert, dass von Person zu Person eine zwischenmenschliche, gegenseitige Bestärkung überspringt: Es fehlt, aus wohlmeinenden Augen angesehen zu werden, im Kontakt wertvoll und wichtig zu sein, gemocht oder zumindest respektiert zu werden sowie ein Gefühl, der anderen Person und damit auch sich selbst etwas zu bedeuten. Ein so verbrachter Lebensalltag hinterlässt Gefühle der Leere, Anspannung und Unzufriedenheit

Jans zweite Verabschiedung gilt vordergründig seiner Mutter. Doch eigentlich inszeniert er ein Bild von sich vor seinen Freunden, von dem er meint, dass ihm davon ein Ansehen bei den Freunden erwächst. Wenn überhaupt, dann ist dieses Ansehen virtuell und abstrakt. Mit einander nährendem Austausch von Blicken hat dies nichts zu tun. Es hat, in Anlehnung an ein indisches Sprichwort, etwas davon, „nicht die eigenen Pflanzen zu bewässern, sondern einen Garten in der Nachbarschaft".

Für die Entwicklung zu persönlicher Kompetenz und innerer Stärke ist es wichtig, darauf zu achten, dass komplementäres Reagieren und Handeln sich in Grenzen hält oder begrenzt wird. Dies soll mittels zweier Abbildungen noch deutlicher herausgearbeitet werden. In Abbildung 1.2 sind die Wahrnehmungen und Erfahrungen einer Person in Kegelform dargestellt. Unten sind die Signale aus dem Fundament unserer Natur angeführt und als existentielle Ebene bezeichnet. In poetischer Sprache lässt diese sich Eltern und Jugendlichen folgendermaßen nahe bringen:

Dein Naturfundament

Von der ersten lebenden Zelle
wurde der Staffelstab des Lebens
immer weiter gegeben
bis hin zu Dir.

Das Leben war nie unterbrochen
bis hin zu Dir. Du kannst es weitergeben.

Es hat unvorstellbar viel gelernt,
um Widrigkeiten zu überwinden –
Hunger, Durst, Krankheit,
Leid, Kälte, Gefahr –
und diese gewaltige Lernlandschaft
wirksam in Deinen Körper eingearbeitet.
Darauf kannst Du vertrauen.

Du hast die Erfahrung
von Milliarden Jahren Leben in Dir,
genau wie alle Lebewesen auf dieser Erde
in ihrem fein abgestimmten Miteinander.
Darauf kannst Du bauen.

Spüren, empfinden, elementar wahrnehmen und organismisch (Rogers) bewerten stellt also die mit unserer Existenz verknüpfte Wahrheit einer Situation dar. Dies kann in den Signalen (weiter oben in der Zeichnung), im sich Mitteilen und Zeigen ausgedrückt und in Handlungen umgesetzt werden. Eine intakte Verbindung von spüren, empfinden, wahrnehmen, sich mitteilen, bewerten, beurteilen und entsprechend handeln wird als Kongruenz bezeichnet. Kongruenz einer Person – die weitgehende Übereinstimmung ihrer „Innenansichten" zu einer Situation mit dem, was sie nach außen signalisiert – ist wesentlich für reale Erfahrungen der Person sowie für eine realistische Entwicklung und Entfaltung ihrer Potentiale.

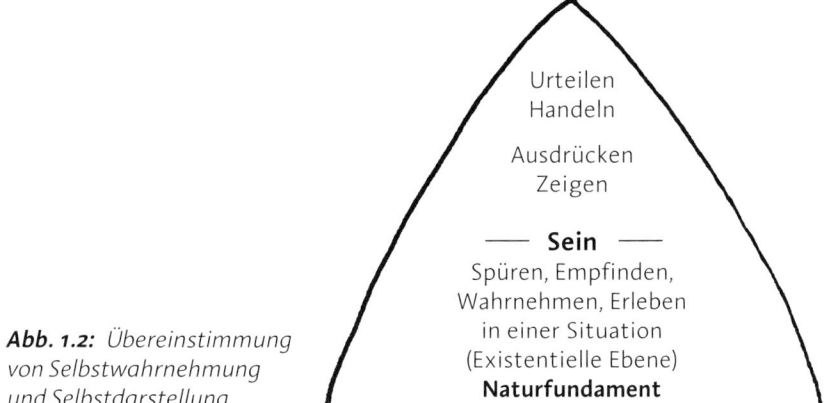

Abb. 1.2: *Übereinstimmung von Selbstwahrnehmung und Selbstdarstellung*

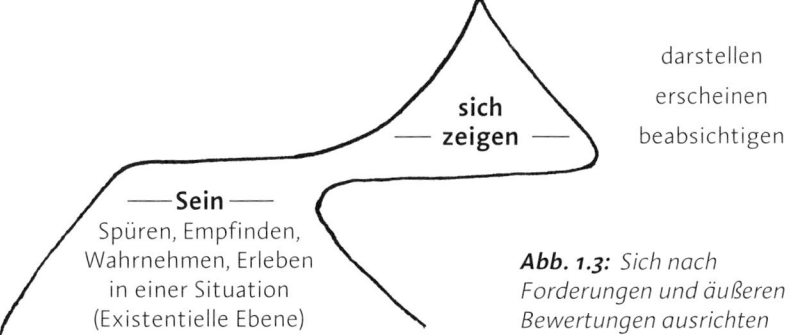

Abb. 1.3: *Sich nach Forderungen und äußeren Bewertungen ausrichten*

Eine komplementäre Ausrichtung rückt eine zweite, äußere Bewertungs-instanz in den Vordergrund von Kommunikation und Handlungen. In diesem zweiten Bezugsgefüge (bei einer anderen Person oder im Bewer-tungsgefüge einer Institution) soll etwas bewirkt werden, ein bestimmter Eindruck erweckt werden, ein Vorteil erzielt oder etwas abgewehrt werden. Um dies zu erreichen wird ein großer Teil der Aufmerksamkeit in diese Richtung gelenkt; es erfolgt eine Art Aufmerksamkeits-Dehnung dorthin und weg von der eigenen Wahrnehmungs- und Erfahrungsbasis, von der wir uns ja glücklicherweise nie ganz abtrennen können. Mit dieser „Deh-nung" verändern sich die Signale, die wir im Zeigen und Handeln von uns geben. Mehr oder weniger signalisieren wir nunmehr eine scheinbare Wirk-lichkeit der Art: „Ich bin so, wie Du mich haben willst!" Oder auch das Gegenteil: „Ich bin absolut nicht so, wie Du mich haben willst!". Oder Varianten dazwischen. In jedem Fall aber auf die andere Person oder die Institution ausgerichtet.

Vereinzelte solcher „Dehnungen" sind wohl aus dem Leben nicht wegzudenken, etwa um eine Berufschance zu nutzen oder eine bedrohliche Situation abzuwehren. Auf Dauer und vor allem im Privatleben, in Partner-schaft, Freundschaft, Zusammenleben, Begleiten von Kindern und Jugend-lichen können sie äußerst schädigend sein.

Im Jugendalter, in den Feldern des Erkundens und sich Ausrichtens, sind die Verführungen zu solchem Außer-sich-Sein an der Tagesordnung, allein schon, um die Eltern nicht zu enttäuschen, um bei Freundinnen und Freunden etwas zu gelten, um im Sport oder bei der Mannschaftaufstellung „die Nase vorn" zu haben, um ein Schnäppchen zu ergattern oder um sich wegen der nicht gemachten Hausaufgaben nicht ertappen zu lassen und so weiter und so weiter. Da wird aus den einzelnen Bemühungen, eine beab-sichtigte Wirkung zu erzielen, von einer Situation zur anderen schnell ein „Karussell", sich gewinnbringend darzustellen und in einer bestimmten Weise zu erscheinen.

Für betroffene Jugendliche ist es kaum möglich, derartige Erfahrungen zu sortieren, zu integrieren und für ihr Werden und ihr persönliches Wachstum zu nutzen. Da sind so manche Seufzer von Jugendlichen nach-vollziehbar: „Ich weiß manchmal gar nicht mehr, wer ich bin!"

Auf Dauer und unter tragischen weiteren Bedingungen kann dies zu schwerwiegenden seelischen Verletzungen führen (siehe Kapitel 1.6). Umso wichtiger ist es, dass Jugendliche auf verständnisvolle und Orien-tierung vermittelnde Personen treffen, die sie begleiten, beraten und be-treuen.

1.5 Wie Jugendliche Verletzungen abwehren

1.5.1 Selbstwert-Gefährdungen

Anhand des Bildes vom Rad des Erkundens und sich Ausrichtens werden Belastungen und Schwierigkeiten in der Lebenswelt von Jugendlichen deutlich. Der eigene Körper kann in dieser Zeit nicht als verlässliche, vertraute Lebensbasis wahrgenommen werden. Zu rasant ist der körperliche Wandel mit ungewohnten bis unheimlichen Empfindungen; die eigene Stimme klingt fremd; kaum sind die länger gewordenen Arme und Beine in eine Balance gebracht, da sind sie schon wieder ein Stück gewachsen; die Sprache bekommt aufregende Nebenbedeutungen – sexuell gefärbte Assoziationen werden zum ständigen Begleiter; und dann auch noch die vielen Pickel! … Kurzum: Die Lebenswelt flackert. Die gewohnten Tröstungen sind auch nicht mehr recht wirksam:

Den Lieblingsteddy drücken und ihm alles erzählen, hilft einen Moment. Aber keiner darf es sehen oder hören! Fernsehen lenkt einen Moment ab: Jugendliche werden gezeigt, voller Lachen, kess, cool, superflott gekleidet, scherzend, prickelnde Getränke genießend, per Handy mit bunten Fotos und bewegten Bildern am Puls der Zeit dabei, wo auch immer etwas Attraktives geschieht. Das ist mitreißend. Doch der Griff zum eigenen Portemonnaie erinnert an den schmalen Rest vom Taschengeld.

Trost suchen bei Mutter oder Vater dürfte wohl wieder auf gefürchtete Fragen hinauslaufen: „Hast du dein Zimmer endlich aufgeräumt?! … den Müll rausgetragen?! … deine Schulaufgaben ordentlich gemacht?! …"

Es ist für Jugendliche oft nicht leicht, aufbauende Antworten vom Leben zu erhalten. Die Gefahr, „Stress" oder gar Herabwürdigungen „von außen" zu bekommen, ist groß. Da schrumpft schon mal das Lebensgefühl, ein wertvoller, zu Hoffnungen Anlass gebender Mensch zu sein; das Selbstwerterleben sinkt; der „Pott" ist oft leer, wie die Familientherapeutin Virginia Satir es ausdrückt.

In einer solchen Situation sind Menschen, keineswegs nur Jugendliche, sehr verletzlich. Da darf kein „falsches Wort" dazukommen und selbst ein „richtiges Wort" oder ein unterstützendes Angebot kann leicht in den „falschen Hals" kommen. Etliche Mädchen finden sich hässlich, obgleich ihre Eltern oder andere Erwachsene sie für bildschön halten; sie begreifen ihre individuellen Züge als Makel, und Sich-Schämen ist an der Tagesordnung. Insbesondere der Busen hält den eigenen Maßstäben selten stand: zu groß, zu klein, nie richtig. – Etliche Jungen geben wenig von sich. Sie antworten äußerst wortkarg und ihr Umgang mit Erwachsenen erscheint vielfach spröde und arrogant – große männliche Gestalten mit tiefer Stimme und kräftigen Muskeln, aber man erfährt wenig von ihnen. Ihr wahres Gesicht zeigen sie nur nahen Freunden. Um daran als erwachsene Person Anteil nehmen zu können oder gar Gefühle wie Trauer, Zweifel, Ängste oder Scham von ihnen kennen zu lernen, bedarf es allerhand Vertrauen, das erst in einem längeren, zunehmend aufrichtigen Zusammensein entstehen kann, z. B. in einer einfühlsam geführten Jugendgruppe.

Findet ein Jugendlicher, eine Jugendliche in dieser Situation keine verständnisvolle und haltgebende Begleitung, kann es zu schwerwiegenden Jugendkrisen kommen, deren Grundstruktur in den folgenden Abschnitten dargestellt ist. Zuvor soll daran erinnert werden, was Jugendliche (und nicht nur Jugendliche!) brauchen, um sich wieder in ihrer Kraft zu finden und zu entwickeln, was aus einer Krise heraushilft. Markus Heinrich Seidel (1994) berichtet in seinem Buch „Straßenkinder in Deutschland" von einer Jugendlichen, die aus all ihren Lebensschwierigkeiten den Ausweg gesucht hat, auf der Straße zu leben, als „Straßenkind". Sie teilt ihm ihre Erfahrungen in Gedichten mit. Eines davon lautet:

Was ist Glück?

Ist Glück, alles zu haben?
Ist Glück, reich zu sein?
Ist Glück, Kriege zu gewinnen?
Ist Glück, der Beste zu sein?

Nein, ich bezeichne Glück,
einen guten Freund zu haben,
mit dem man alles bereden kann,
dem man vertrauen kann,
auch wenn es aus ist.

Es gibt Sachen,
die man mit dem Partner,
einfach nicht bereden kann.
Da braucht man einen Freund!
Wenn Du Probleme hast,
die Du mit mir bereden willst:
Ich bin immer für Dich da,
auch wenn's über Mädchen ist.
Ich bin auch eins! O. K.?

(Seidel 1994, 316)

1.5.2   Halteversuche und Schutzmuster

Abgelehnt werden, wenig Zuneigung bekommen, zurückgestoßen werden sind schwer zu ertragen, keineswegs nur im Jugendalter, doch hier in besonderem Maße. Um derartigen Niederlagen-Erlebnissen vorzubeugen, werden schützende und Druck abwehrende Lebensausrichtungen und Verhaltensweisen gewählt, wiederum nicht nur von Jugendlichen, aber von ihnen in besonderer Weise.

Sich zurückziehen und einseitig werden

Eine Schutzmaßnahme ist es, die Fülle der Erkundungen und Ausrichtungen einzuschränken, um sich auf sicherem Boden bewegen zu können. Bei verletzlichen Jugendlichen kann dies zu einem Rückzug aus zahlreichen Lebensbereichen führen. Diese Lebensfelder liegen dann brach, finden wenig Beachtung oder werden verachtet. Da kann nur ein einziges Betätigungsfeld bei einer, einem Jugendlichen übrigbleiben, in dem die verfügbare freie Zeit zugebracht wird, sehr zur Besorgnis der Eltern. Pflichtgebiete wie Schule oder Lehre können in Mitleidenschaft gezogen werden und gefährdet sein. Klagen von Eltern illustrieren das plastisch:

> „… hängt Tag und Nacht vor dem Fernseher …"
> „… kommt kaum noch aus dem Zimmer; meidet den Kontakt zu uns"
> „… immer nur Computer, Computer, Computer."
> „… schminkt sich stundenlang und dann ist es immer noch nicht richtig."

Das Rad des Erkundens und sich Ausrichtens (siehe Abb. 1.1) hat dann nur noch eine ausgeprägte Speiche und die ist vielleicht noch verbogen. Da ist treffender, das Bild des Rades zu verlassen und Bilder aus der Welt des pflanzlichen Wachstums einzufügen. Ein Busch mit dicht und kraftvoll gewachsenen Zweigen steht für die Fülle an Erkundungsimpulsen und Ausrichtungen eines jungen Menschen mit all seinen Potentialen (Abb. 1.4). Davon wird durch die beschriebene Reduktion in den Lebensausrichtungen ein Zweig besonders stark ausgerichtet, die anderen sind vernachlässigt und „kümmern"(Abb. 1.5).

Der Hauptzweig versorgt die Pflanze, den jugendlichen Menschen, in dieser Lebenssituation mit nährendem Licht und Erfolg. Dies will verstanden sein. Ein „Abschneiden" dieses Lebenszweiges wäre mit schwerwiegenden Ängsten verbunden (Abb. 1.6). Die Lösung liegt im Wiederentdecken und Aktivieren der vernachlässigten Ressourcen. Dies wird in dem Beispiel-Kapitel 1.8 einer Jugendlichen-Betreuung deutlich.

Die ausgewählte Lebensausrichtung kann zur Sucht werden. Sie wird von den betroffenen Jugendlichen als angenehm, seelisch nährend und bis

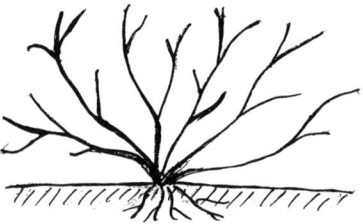

Abb. 1.4: Wachstum und Entwicklung als Busch mit vielen Verzweigungen

Abb. 1.5: Einseitig herausragende Verzweigung mit verkümmerten Ressourcen

Abb. 1.6: Gefahr, dass die einseitig herausragende Verzweigung abgeschnitten wird

zu einem gewissen Grade als anregend-unterhaltend erlebt. Vieles andere dagegen kann als eine Last erscheinen, für die es sich, aus dieser Perspektive wahrgenommen, nicht zu leben lohnt. Suchtstoffe wie Nikotin, Alkohol, Haschisch oder Marihuana können die Lage noch verschlimmern.

Die ausgewählte und nahezu einzige Lebensausrichtung kann auch starken Leistungscharakter haben. Die Entwicklung einer individuellen, ausbalancierten Lebensvielfalt ist dadurch ebenfalls gefährdet, auch wenn dies von Eltern als nicht ganz so bedrohlich erlebt wird. Dennoch: Klagen besorgter Eltern gibt es auch in dieser Hinsicht genügend:

> „... beschäftigt sich nur noch mit Schach, studiert stundenlang Eröffnungen oder Meisterpartien. Selbst nachts geht das so und besonders vor Turnieren ...“
>
> „... schmeißt die Schultasche hin und geht Fußball spielen. Bis spät abends!“
>
> „... das freut uns ja: die ausgezeichneten Schulnoten. Aber es zählt ja nur noch Schule.“

Abgesehen von der Freude, die in den hier aus der Balance geratenen Tätigkeiten auf seiten der beteiligten Jugendlichen erlebt werden dürfte, ist sicher auch der Wunsch beteiligt, auf einem Gebiet zu den Gewinnern zu zählen, keine Abwertungen hinnehmen zu müssen, einmal wirklich „Spitze“ zu sein. Das kann sich bis ins Erwachsenenalter fortsetzen: Wer von uns Erwachsenen pflegt nicht auch heute noch seine herausragende „Abzweigung“, und das womöglich (oder wahrscheinlich) auf Kosten so mancher anderer lebens- und liebenswerter Seiten seiner Persönlichkeit?

In einer Untersuchung (Rogge 1991) über die Motive, Jura zu studieren bzw. juristisch tätig zu sein, bekannten sich mehrere der befragten Personen freimütig in vertraulichen Gesprächen zu den Krisen und Konflikten in ihrer Kindheit, die sie mit ihrer beruflichen Ausrichtung zu überwinden suchten:

> „Dem Verhalten der Eltern waren die Kinder nicht gewachsen: ... Es hat sie in innere Zwangslagen geführt, die sie in verschiedener Weise erlebt und benannt haben. Allen gemeinsam sind der Eindruck von Ausweglosigkeit und Gefühle von Angst, Schrecken, Verzweiflung, Ohnmacht oder Resignation. Meine Gesprächspartnerinnen und -partner deuten hier den Ausgang der aussichtslosen Kämpfe an, die sie als kleine Kinder in sich ausgetragen haben und die die existentielle Grundlage bildeten für die Unterdrückung ihres natürlichen Selbst-Ausdrucks und die Fähigkeit, sich auch einer widersprüchlichen und negativen Umwelt anzupassen.“ (S. 148).

In dem Buch von Gerhard Prause (1996) „Genies in der Schule. Legende und Wahrheit über den Erfolg im Leben“ sind einige Persönlichkeiten beschrieben, die bereits in der Schul- und Jugendzeit ihr Leben ganz nach dem sie faszinierenden Spezialgebiet ausrichteten und dafür auch die Schule abbrachen, sehr zum Kummer ihrer Eltern. Dies trifft nicht nur auf den großen Erfinder Edison zu, sondern z. B. auch auf den Komponisten Franz Schubert.

Angstgespeiste Ausdrucksformen

Pflanzen und Heimtiere werden artgerecht gehalten, zumindest achten wir darauf oder wissen insgeheim, dass sie andernfalls gefährdet sind und eingehen werden.

Zu einer ausbalancierten Lebensweise gehört es, dass artgemäße Lebenswerte erfüllt werden können, damit die physische Erhaltung unseres Lebens gewährleistet ist, mit den Elementen fruchtbare Erde, reines Wasser, saubere Luft und eine von einer intakten Ozonschicht gefilterte Sonne. Gesunderhaltende, natürliche Nahrung gehört dazu, Mitgeschöpfe, persönliche Resonanzen auf unsere Fragen, Gedanken, Gefühle in mitmenschlichen Gemeinschaften. Hinzu kommen neigungsgemäße Entfaltungs- und Entwicklungsmöglichkeiten, geistige, gefühlsmäßige, körperliche und technisch unterstützende Angebote. Nicht zu vergessen auch eine über uns und unser individuelles Leben hinausgehende Verbundenheit in religiösen Ritualen, in guten Gesprächen, in gemeinschaftlichen Unternehmungen, fröhlichem Spielen und vieles mehr.

Wenn Lebenswerte nicht erfüllt werden können, entsteht starke innere Belastung, innerer Druck sowie Empfinden von Bedrohung und Gefährdung der Geborgenheit, in das Lebensgefüge eingebettet zu sein. Bei schwerwiegenden Bedrohungen unserer persönlichen Lebenswerte kommt es zu Entlastungsreaktionen, von denen unser zwischenmenschliches Miteinander vielfältig durchdrungen ist, die jedoch von Erwachsenen als aneckend, störend oder als besonders Besorgnis erregend betrachtet werden, wenn sie bei Jugendlichen auftreten.

Die Entlastungsreaktionen bringen nur ein kurzfristiges Entlastungserleben, längerfristig aber erhöhen sie noch das Druck- und Bedrohungserleben. Sie werden als Not-wendig erlebt, sind aber – von einer längerfristigen Entwicklung her gesehen – Not-her-stellig. Es ist also dringend erforderlich, die Lebensbezüge wieder zu restaurieren, um wirklich entlastet und wieder mit Lebenswerten verbunden zu werden. Die folgende Zusammenstellung an belastungsbedingten Tarn- und Schutzmustern ist angelehnt an die Familientherapeutin Virginia Satir (1975).

Entlastung durch Angreifen, Beschimpfen, Gewalttätig werden. „Anderen" wird die erlebte Anspannung und Bedrohung zugeordnet. Jemanden angreifen, abwerten, klein machen, verachten – so der große Irrtum –, könnte die Bedrohung vermindern, der eigenen vermeintlichen oder auch realen Gefährdung entgegenwirken. Dies ist in vielen Fällen ein zentraler Hintergrund von einem erschreckend verachtenden, abwertenden, brutalsexualisierten Sprachgebrauch unter einigen Jugendlichen und auch von jugendlichen Gewalttätigkeiten. Auch unmenschliche Entgleisungen in unserer Geschichte sowie menschenverachtende kriegerische und terroristische Brutalität sind mitgesteuert von dieser Art Angstabwehr.

Entlastung durch Abhängigkeit. Jugendliche, denen in all den Unsicherheiten ihrer Lebenslage eine wirkliche Bezugsperson fehlt, mit der sie ihre Ängste, Sorgen, Fragen, Pläne und Ziele besprechen können, sind gefährdet, von einer Clique und deren Anführern abhängig zu werden. Kommt es seitens der Clique zu Gewalttätigkeiten, besteht die Gefahr, dass sie einem zur Gewalttätigkeit aufrufenden Anführer dadurch zu gefallen suchen, dass sie sich sehr brutal geben, aus Angst, sonst auch diese Bezugsperson und die Achtung der Clique zu verlieren. Auch sogenannte „Mutproben" oder sektiererische Realitätsverluste können in einer derartigen angstgespeisten Gruppenabhängigkeit zerstörerisch oder selbstzerstörerisch ausfallen.

Entlastung durch ständige Ablenkung. Zunehmend werden Kinder und Jugendliche auffällig, die nicht lange und schon gar nicht ausgiebig oder vertieft bei einer Sache bleiben können. Ihnen werden vielfach schnell „Krankheitsbilder" zugeordnet: Aufmerksamkeits-Defizit-Syndrom (ADS) oder Aufmerksamkeits-Defizit-Hyperaktivitäts-Syndrom (ADHS). Medizinische Behandlungsmuster wie Krankengymnastik oder Mototherapie können hier angebracht sein, insbesondere da so manche körperliche Übung die oft anregungsverarmte und nicht kindgerechte Lebensumgebung ausgleicht, mit vielfältigen Bewegungs-, Kletter-, Tobe- und Ausruherfahrungen. Ein spezielles Amphetamin (Ritalin) mag in extremen familiären Belastungssituationen vorübergehend hilfreich sein. Bei dem dadurch vielleicht erzielbaren Erhalt des familiären Miteinanders ist allerdings nicht auszuschließen, dass bei dem betreffenden Kind bzw. Jugendlichen gravierende, eventuell auch persönlichkeitsverändende Nebenwirkungen auftreten.

Ein gehaltenes Miteinander im Kontakt, mit wohlwollendem Interesse seitens einer oder mehrerer Bezugspersonen kann bei einem jungen Menschen „Wunder" bewirken, bei Erwachsenen in gleicher Weise. Bekannt ist auch, dass mit ADS bzw. ADHS diagnostizierte Kinder und Jugendliche bei selbst gewählten, sie faszinierenden Tätigkeiten stundenlang verweilen können. So ist bei der Betreuung und Beratung von Jugendlichen in Rechnung zu stellen, dass Ausweichen und sich Ablenken genutzt werden kann, sich der eigenen Lebenswirklichkeit so weit zu entziehen, dass es nicht so schmerzhaft ist, nicht das zu bekommen, worum es diesen Kindern / Jugendlichen tief im Inneren geht. Zudem steht dieses Muster, mit Ängsten und belastenden Umständen umzugehen, in der Wertewelt westlicher Gesellschaften hoch im Kurs. Eine gewaltige Ablenkungs- und Ausweich-Produktionslawine – ob in Fernsehkanälen oder in Computerspielen – lässt es uns als normal empfinden, wenn Jugendliche, ebenso wie Erwachsene, wenig in sich selbst zu Hause sind.

Entlastung durch Streben nach Überlegenheit und Perfektion. Mit neuesten Modellen an Kleidung, technischer Ausstattung oder Spezialkenntnissen in der Musik-, Computer- oder Jugendszene lässt sich Ansehen und Bewunderung gewinnen und damit ein „sicherer" Boden in den Augen Anderer. Wenn dazu das Geld oder die besonderen Kenntnisse fehlen, können Lügen, Übertreibungen oder Angeberei vorübergehend hilfreich erscheinen. Die Not ist vielfach auch für Mitschülerinnen und Mitschüler offensichtlich. Sie bedarf einer haltenden Betreuung, gerade auch wenn die angestrebte Beachtung in Verachtung durch andere Jugendliche umschlägt. – „Ich will Beachtung, also bin ich", lautet ein Graffiti an einer Schallschutzmauer der Hamburger S-Bahn.

Entlastung durch eine rein rationale Ausrichtung. Angst kann auch mittels einer rein intellektuellen Betrachtungsweise abgewehrt werden, in der alles belegbar, ableitbar und durch Definitionen geregelt ist. Auf diesem Wege wird eine relative Sicherheit erworben. Intellektuell kann eine solche Spezialisierung erzielt werden, dass einem auf diesem Gebiet so schnell keiner das Wasser reichen kann. Allerdings beschneidet dies den Gefühlsreichtum und damit die überraschenden und schönen Seiten des Lebens. Absicherung, so dass einem kaum jemand etwas anhaben kann, macht einsam. Unsere westeuropäische und nordamerikanische Zivilisation hat diesem Schutzmuster zu hohem gesellschaftlichen Ansehen verholfen, so dass es nicht immer leicht ist, zwischen wirklichen Verstandesleistungen und einer „Flucht in den Kopf" zu unterscheiden.

Eine derartig übersteigerte intellektuelle Ausrichtung zeigt, dass der eigentliche Boden von Geborgenheit und wirklicher Sicherheit in unserer Lebenswelt zu kurz kommt. Vertrauen in zwischenmenschliche Gemeinschaften und in den Prozess des Lebens, begleitet von „wissenden" Körpersignalen und Gefühlen sind wieder zu entdecken und zu vertiefen.

Entlastung durch Rückzug nach innen und durch Verstummen. „Nur nicht auffallen; keinen Fehler machen! Bloß in Ruhe gelassen werden! Wenn nur bald alles überstanden ist!", dies in etwa sind begleitende Empfindungen dieser Art von Not. Das kann so weit gehen, dass die Kinder und Jugendlichen gar nicht richtig da sind, wo auch immer sie sind. Sie nehmen geringen Raum ein und wirken so, als hätten sie sich in den hintersten Winkel ihres Körpers verkrochen. Kinder mit diesem Angst-Belastungs-Reaktionsmuster sind auf besondere Art gefährdet. Sie werden von Erwachsenen leicht „übersehen", als brav oder gar als „pflegeleicht" eingestuft. Deshalb bekommen sie wenig Hilfe angeboten. Eine psychosomatische Erkrankung kann die Folge sein. Mit dem stummen Dulden ist möglicherweise auch eine Gefährdung zur Selbsttötung verbunden.

1.6   Tragische Entwicklungen

1.6.1   Jugendkrisen als fokussierte gesellschaftliche Realität

Spannungen zu halten und ein breit gefächertes Repertoire zu entwickeln, um mit ihnen gestaltend umzugehen, wird in unserer Lebenswelt wenig gepflegt.

Kinder und Jugendliche geraten in ihrer Suche nach einer ihnen gemäßen Lebensweise in ein dramatisches Spannungsfeld zu etablierten Lebensmustern, ein Spannungsfeld, das auch ihre Eltern, ihre Lehrerinnen / Lehrer und ihre potentiellen Arbeitgeberinnen und Arbeitgeber vielfach nur unzureichend für sich selbst lösen konnten. Diese Erwachsenen fordern, mit den mächtigen Institutionen, die sie vertreten, im Rücken, ein „pflegeleichtes" Mitmachen und sich Hineinfügen in die als erforderlich deklarierten Lern- und Betätigungsfelder.

Für Kinder und Jugendliche stellt vor allem die Schule (später Lehre und Berufsschule) einen zentralen und für ihr Leben Weichen stellenden Ort dar. Die lautstark und bewegt zum Ausdruck gebrachte Freude, mit der Erstklässlerinnen und Erstklässler zumeist beginnen und lernen wollen, ist längst gewichen. Für viele ist daraus ein leidvoller Lebenskampf geworden, zu dem es allerdings kaum eine Alternative gibt. Für sie geht von der Schule ein immenser Normierungs- und Leistungsdruck aus.

Von ihnen wird eine Lebensweise gefordert, die vielen Erwachsenen selbst nicht bekommen ist, die zahlreiche von ihnen müde und leer hat werden lassen, so auch viele Lehrerinnen und Lehrer – 70 % (von Region zu Region leicht abweichend) gehen vorzeitig in den Ruhestand.

Lösungen von anderen Erwachsenen, vor allem auch die ihrer Eltern, die ja alle auch einmal in diesem Spannungsfeld zwischen lebendigem Werden-Wollen und den gesellschaftlichen Normierungen gestanden haben, sind für sie selten ein Vorbild – haben sich die jetzigen Erwachsenen doch vielfach zu einseitig dem „So-musst-du-sein"-Druck gebeugt, ihre Lebendigkeit dabei zu sehr eingeschränkt und sie mit der Zeit sogar in starkem Maße verloren.

So ist die Situation der Jugendlichen auf der Suche nach verbindenden Lebensperspektiven zwischen organismischen Reifungs- und Lebensimpulsen einerseits und den lebenseinschränkenden, normierenden Forderungen andererseits so etwas wie ein Fokus unserer gesellschaftlichen Realität.

Die intensive Ausrichtung der Aufmerksamkeit unserer Jugendlichen auf ihren wachsenden und sich wandelnden Körper, überwältigt von einer lustvoll einströmenden Sexualität, begleitet von mächtigen Gefühlen, legt quasi eine starke Lupe auf Ungereimtheiten und Widersprüche, die nur bedingt etwas mit Jugend zu tun haben, die vielmehr in der Art liegen, wie wir Erwachsenen unser Leben in der Tradition derer vor uns ausgerichtet

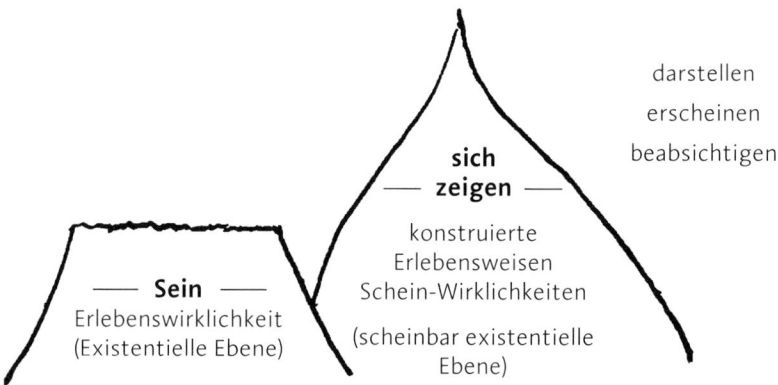

Abb. 1.7: *Schwerwiegende Spaltung in „Sein" (sich selbst erleben) und „Zeigen"
(anderen erscheinen)*

haben, vielleicht, weil viele von uns sich nicht getraut haben, das, was wir
selbst als Kinder und Jugendliche gespürt, geglaubt und letztlich sogar
gewusst haben, nachhaltig in der Welt einzufordern und selbst einzubringen.

Die folgenden tragischen Entwicklungen bei Jugendlichen sind also in
einem Verstrickungsgefüge angesiedelt, das weit über die beteiligten Jugendlichen, ihre Eltern, Stiefeltern und Geschwister hinausgeht. Jedoch stehen
diese am dichtesten mit sich selbst und untereinander in Beziehung, so dass
sie Gefährdungssignale wahrnehmen und hilfreiche Schritte einleiten können.

Es gilt, einem extremen Anwachsen der Spannung durch einen oder
mehrere Konflikte vorzubeugen und zu verhindern, dass es zu schwer
wieder behebbaren Spaltungen bzw. Rissen in einer heranwachsenden
Person und ihren Lebensbezügen kommt. (Abb. 1.7 drückt diese Gefahr
– in Erweiterung der Abbildungen 1.3 und 1.6 – bildlich aus.)

Vielfach können aber auch dann noch die damit verbundenen schwerwiegenden seelischen Verletzungen gelindert und Heilungsprozesse einge-
leitet werden.

1.6.2 Schizophrene Störungen

„Der Mensch hat viel erfunden, um Trennendes, Getrenntes auch, zu
halten, Fremdes auszuhalten, aus den Fugen Springendes passend zu
machen und Leerräume zu überbrücken. Schizophrenes Handeln ist eine

allgemein-menschliche Möglichkeit.", schreibt das erfahrene Fachteam in seinem Psychiatriebuch „Irren ist menschlich" (Dörner u. a. 2002, 151).

> „Die allgemeine Erfahrung des Reißens, Trennens, Teilens in der Entwicklung des Menschen liegt in der späten Pubertät und den folgenden Jahren. So entstehen schizophrene Störungen am häufigsten in der Adoleszenz zwischen dem 15. und dem 25. Lebensjahr, nur gelegentlich in höherem Alter. Und oft sind die Verhaltensweisen von Pubertierenden ganz ähnlich dem schizophrenen Problemlösungsverhalten, ohne sich jedoch dazu zu verengen. Was ist das Allgemeine? In diesem Lebensalter sind Trennung vom Elternhaus und Bindung an fremde Menschen gleichzeitig Aufgabe. Gegensätze, Entfremdungen, Widersprüche müssen ausgehalten werden und zu neuen Qualitäten der Beziehungen und Weltanschauungen führen. Nicht ‚Alles-oder-Nichts'- oder ‚Schwarz-oder-Weiß'-Lösungen sind zu finden, sondern die Welt ist in all ihren Nuancen und Schattierungen wahrzunehmen und zu akzeptieren. Dazu gehört auch die Einsicht, dass Gutes und Böses zusammengehören, dass nicht der eine Mensch nur gut und der andere nur böse ist, dass das Freund-Feind-Denken die Beziehungsaufnahme zu anderen Menschen nicht bestimmen kann." (Dörner u. a. 2002, 151)

Bei sehr feinfühligen und verletzlichen Jugendlichen, bei denen die Loslösung von den Eltern und eine zunehmende eigenständige Lebens- und Beziehungsgestaltung in einem starken Konflikt zum „Im-Nest-Bleiben" stehen, kann es zu einer mentalen Verschmelzung der Konfliktbereiche kommen, zu einem sowohl als auch, zu einem „im Nest geblieben und zugleich getrennt". Damit sind die Konfliktbereiche „bleiben" – „trennen und eigenständig werden" mental miteinander verschmolzen, im Umgang mit sich und der Welt nicht mehr existent. Genetische Stoffwechselfaktoren und frühe Trennungstraumata (bei der Geburt und im ersten Lebensjahr) dürften hier in starkem Maße mit beteiligt sein.

Wohl am auffälligsten ist eine Gefährdung bei einer heranwachsenden Person, wenn sie sich selbst zunehmend nach außen verliert und das, was in ihrer Umgebung passiert, als auf sich gerichtet wahrnimmt. Fährt ein Krankenwagen an ihr vorbei, so kann dies von ihr mit einem Erschrecken begleitet sein, dass ihr etwas zustoßen werde. Das Erleben „ich bin, ich spüre mich in meiner Haut, fühle mich lebendig, und ich orientiere mich an meinen Erfahrungen" steht in dieser Krise nur gering oder gar nicht zur Verfügung. Damit geht auch die Orientierung in der Welt – „außerhalb von mir ist die Umgebung mit ihren eigenen Bezügen" – verloren. Die Welt besteht dann aus vielerlei für die betreffende Person als bedeutsam erlebten Zeichen, die größtenteils nichts Gutes verheißen. Eine akute, möglicherweise auch nur vorübergehende Kontextschwäche ist eingetreten. Die betroffene Person kann den jeweiligen Bezugsrahmen eines äußeren Ereignisses nicht halten und bezieht es auf ihre zumeist angstvolle und von Bedrohungsgefühlen angefüllte Seelenlage. Eine äußerst verwirrende Steigerung von Angst, Bedrohung und deren zunehmend fatale „Bestätigung" in der missverstandenen Außenwelt ist die Folge.

Frühzeitiges Erkennen ist äußerst wichtig für eine Begrenzung der Erkrankungsentwicklung und zur Restauration einer lebbaren Realität. Zahlreichen Jugendlichen hilft es, in einer Irritation gleich über Ängste, Bedrohungsgefühle und Fehldeutungen äußerer Ereignisse sprechen zu können, mit einer vertrauten sowie in sich selbst und in der Welt sicher orientierten Bezugsperson. Familienmitglieder, Verwandte, auch vertraute gleichaltrige Freundinnen und Freunde haben hier eine große Bedeutung.

Zieht sich ein junger Mensch zunehmend in eine Eigenwelt zurück, meidet er Klärungshilfe im Familien- oder Freundeskreis bzw. stehen vertraute Ansprechpartnerinnen und Ansprechpartner gar nicht zur Verfügung, sollten ärztliche bzw. psychologische Jugendpsychotherapeuten/ -innen zu Rate gezogen werden.

1.6.3   Den Körper extrem reduzieren und Leistung erzwingen

Einige Jugendliche, sehr viel (etwa dreißigfach) häufiger Mädchen als Jungen, sind extrem damit befasst, ihre Körperwandlungen durch geringe Nahrungsaufnahme zu kontrollieren (Pubertätsmagersucht – Anorexia Nervosa). Wenn die Kontrolle versagt und „zu viel" gegessen wurde, wird der Finger in den Hals gesteckt und alles wieder ausgebrochen. Findet „Fressen und Kotzen im Wechsel" häufiger statt, wird von einer bulimischen Störung (Bulimie) gesprochen.

In Verbindung mit diesem extremen Herrschenwollen über die Nahrungsaufnahme wird die Ausbildung weiblicher Körperformen reduziert. Der Beginn der Menstruation kann dadurch um Jahre hinausgeschoben werden.

Bei einem Körpergewicht unter 40 kg besteht Lebensgefahr und es bedarf einer lebenserhaltenden ärztlichen Behandlung, in schwerwiegenden Fällen bis hin zu Zwangsernährung.

Die zwanghaft ausgeübte Herrschaft über die körperliche Entwicklung geht zumeist einher mit einer hochgradigen Ausrichtung des Lebens auf Leistung, verbunden mit extremen Anstrengungen, um Leistungserfolge zu erzielen.

Klassenarbeiten mit Bestnoten, Perfektion bei der Ausbildung vermitteln der so lebenden Person den Eindruck, wertvoll zu sein. Ein Ausbleiben von Erfolg wird als intensives „Versagen" erlebt. Dies verschärft die Einengung auf Nahrungskontrolle und Leistungsstreben sowie die Angst vor dem Versagen. Abbildung 1.6 charakterisiert dieses Dilemma.

Die betroffenen Personen ziehen ihre Lebensenergie ins Innerste zurück. Etliche wollen nicht Frau oder Mann werden. Sie fühlen sich von der Gewaltigkeit der sexuellen und sinnlichen Entwicklung überrollt und ihr ausgeliefert. Sie wehren sich mit der Flucht nach innen und dem Versuch einer absoluten Kontrolle ihrer Körperlichkeit dagegen. Dies um so mehr, wenn Personen in ihrer näheren Umgebung, in ihrer Familie, abwertend auf sie oder ihren Körper reagieren.

Heilsame Schritte liegen darin, die Aufmerksamkeit einer betroffenen Person wieder auf die unterdrückte, verschüttete und verzerrte Wahrnehmung der Lebensimpulse aus dem Körper zu richten. Dies geht nur allmählich und äußerst elementar. Nach draußen gehen, frische Luft atmen und achtsam sein, wie sich dies anfühlt. Fließendes Wasser zwischen den Fingern rinnen lassen und wiederum spüren. Farben wahrnehmen und auf sich wirken lassen. Mit Fingerfarben malen, die Empfindungen an den Fingern sowie die entstehenden Gestalten zulassen, ja sogar zu genießen lernen. Achtsam für Obst oder frisches Gemüse zu sein mag sich anschließen: wie es sich anfühlt, welche Besonderheiten an Form und Farbe es aufweist, wie es riecht, wie es sich mit den Lippen anfühlt und wie der erste Bissen schmeckt …

Ein stationärer Aufenthalt in einer entsprechend ausgerichteten Klinik für Essstörungen kann solche Ansätze intensiver nutzen und erweitern, im gemeinsamen Erleben einer Gruppe von betroffenen Personen, in Gesprächen über Schwierigkeiten, Freuden, Ängste, Wünsche, Ziele.

Eltern und weitere nahestehende Erwachsene können diesen heilsamen Prozess unterstützen, indem sie selbst achtsamer für ihre eigene Lebendigkeit werden und ihre Tagesabläufe stimmiger und befriedigender gestalten. Ihr dadurch entstehendes positives Vorbild als Frau bzw. als Mann gibt Betroffenen hilfreiche Orientierung im Erwachsenwerden.

Die Rückeroberung der Sinne und der damit verbundene Zugang zu organismischen Signalen ist für alle Beteiligten eine unerlässliche Basis für Leistung und Genuss, für Lebensfreude und Kompetenzentwicklung sowie für den Aufbau einer spürenden Beziehung zu sich selbst und zu anderen. Auf diesem Wege lässt sich ein verlässlich-tragfähiges soziales Netz aufbauen, mit verbindlichen, freundschaftlichen und liebevollen Beziehungen.

Auf dem Weg dahin kann es für alle beteiligten Personen hilfreich sein, sich auf die Grundelemente eines lebendigen Alltags zu besinnen, sich die zentralen Lebensbereiche zu vergegenwärtigen und gegebenenfalls dem einen oder anderen Bereich am nächsten Tag mehr Raum zu geben. Es gilt, quasi vier Fühler auszustrecken und darauf bezogen den Tag zu planen:

1) **Fühler zu mir:** Wie verbunden mit der Lebenskraft in mir war ich heute, bin ich im Moment? Was brauche ich, um meine vitalen Impulse zu stärken? Überhaupt: Wie geht es mir und was folgt daraus für mich heute?

2) **Fühler zu meinen Lieben:** Mit wem hätte ich gern mehr unternommen, mit wem Zeit verbracht, angerufen oder gesprochen?

3) **Fühler zu meinen Aufgaben:** Was habe ich geschafft, was will ich noch, was muss ich noch? Muss ich wirklich?

4) **Fühler zu meiner Umgebung:** Habe ich mir meine Umgebung schön gemacht? Was brauche ich, um mir und meinen Lieben ein guter Partner, eine gute Partnerin zu sein?

Ruth Cohn (Fahrau/Cohn 1984) schlägt diese Lebensausrichtungen zu stimmigerem Miteinander-Leben und -Arbeiten vor. Ihrer Erfahrung nach kommt bei Erwachsenen insbesondere der erste Bereich zu kurz. Um dies zu beheben empfiehlt sie, jeden Morgen kurze Zeit für das folgende Thema zu reservieren: „Ich muss die nächsten 10 Minuten tun, was ich wirklich will." Bei dieser Übung bitte nicht nach den ersten Malen aufgeben, weil Sie vieles tun, was gemacht werden soll. Irgendwann findet sich eine stimmige Umsetzung und Sie tun, zumindest die 10 Minuten, was Ihnen und Ihrem Wesen in dem Augenblick wirklich gemäß ist.

1.6.4 Emotionaler und sexueller Missbrauch

Mit ihren körperlichen und seelischen Entwicklungen in der Pubertät können Jugendliche äußerst sinnlich sein und erotisch auf Erwachsene wirken. In vielfältigen Betätigungen kommt die werdende Männlichkeit und Weiblichkeit zunehmend deutlicher zum Ausdruck, auch im sonstigen Lebensalltag, schick gekleidet und mit deutlichen Konturen der sich herausbildenden Persönlichkeit.

Als Frau, als Mann von Erwachsenen gesehen, erkannt und anerkannt werden, das stärkt das Erleben, wertvoll zu sein. Es ist schmerzlich, von wichtigen Bezugspersonen nicht als werdende Frau, nicht als werdender Mann gesehen zu werden. Grenzen sind strikt zu wahren.

In der heutigen Zeit wird offener als früher darüber gesprochen, wenn ein Mädchen, wenn ein Junge von Erwachsenen sexuell-emotional ausgenutzt oder missbraucht wurde. Die Folgen sind tragisch: In Verbindung mit schwerwiegenden psychotischen oder psychosomatischen Erkrankungen ist zu erfahren, wie extrem schädigend es ist, Jugendliche sexuellen oder/und gewalttätigen Übergriffen auszusetzen.

Die Folgen für das Lebensgefühl, auch später noch als Frau oder als

Mann, sind verheerend. Es bedarf einer langjährigen psychotherapeutischen Begleitung, um das gebrochene Vertrauen, die Vergiftung von vertrauensvoller Zuwendung und Liebe durch zerstörendes Ausnutzen und Missachten ihrer Person zu lindern. Einfühlsames, verständnisvolles therapeutisches Anteilnehmen sowie Geborgenheit in einer aufrichtigen, liebevollen, selbst gewählten Lebensgemeinschaft können mit viel Geduld dazu verhelfen, abgespaltene Wut-, Hass- und Schamgefühle über das Geschehene wieder zu spüren, zu integrieren und die tiefgehenden Verletzungen zu betrauern.

So manche der betroffenen Frauen berichten, als Mädchen vergeblich versucht zu haben, ihre Mutter ins Vertrauen zu ziehen. Ihre Hinweise seien als „Pubertäts-Spinnerei" abgetan worden. Die Bitte „Mutter, bitte glaube mir und schütze mich!" ist sehr ernst zu nehmen. – „Komm, wir nehmen uns miteinander Zeit und Raum. Dann erzählst Du mal alles der Reihe nach." Dies, aufrichtig gemeint und wahr gemacht, wäre wohl die erlösende Antwort.

Aber welche Mutter kann das schon? Verliert sie doch selbst den Halt, den Boden unter den Füßen, etwa wenn sie erfährt, dass ihr Partner seine Liebe und Sexualität auf die Tochter ausrichtet und die Tochter damit zu ihrer Konkurrentin wird. Allen Beteiligten (Mutter, Tochter, Partner) fehlt zumeist genügender Halt zu gangbaren realen Schritten aus einer solchen Krise, geschweige denn, um gar nicht erst in die Verstrickung hinein zu geraten. So wird ein betroffenes Mädchen in ihrer Familie selten aufgefangen, geschützt und gestärkt. Eine Frau als Ansprechpartnerin ist hier gefragt, der sich das Mädchen anvertrauen kann. Vielfach ist es bereits heilsam, überhaupt darüber sprechen zu können (vgl. Pennebaker 1991). Weiterhin, dass die Ansprechpartnerin dem Mädchen deutlich machen kann, wie wichtig es ist, „Nein" zu sagen, sie darin bestärkt und ihr die Unterscheidung zwischen regulierendem „Nein" und existentiellem „Nein" erklärt. Hat doch ein betroffenes Mädchen oftmals ambivalente Gefühle und Angst, mit ihrem „Nein" die Verbundenheit in der Familie zu brechen oder zu verlieren. Dies will an- und durchgesprochen sein: Ein respektiertes regulierendes „Nein", ein „Das will ich nicht!", ist die Basis um in existentieller Verbundenheit verbleiben zu können und „Ja" zur Lebensgemeinschaft, etwa der Familie, zu sagen. Wenn ein betroffenes Mädchen in der erweiterten Familie, in der Nachbarschaft, unter den Müttern von Freundinnen keine Frau als Ansprechpartnerin findet, der sie vertraut, so kann es sich an eine spezielle Beratungsstelle für Mädchen wenden. Diese sind über die Telefonseelsorge für Jugendliche (s. u.) zu erfahren. Schon ihre Namen verdeutlichen, worum es da geht. In Hamburg heißen sie z. B. Dolle Deerns, Zündfunke, Allerleirauh oder auch Biff (Beratungs- und Informationszentrum für Frauen). Andernorts sind die Namen ähnlich aufschlussreich. Dort finden sich Frauen, die sich mit diesen und anderen Lebensschwierigkeiten von Mädchen auskennen, mit Herz und Verstand liebevoll zuhören sowie kompetent und weise regulierende Schritte gemeinsam mit dem Mädchen planen, organisieren, üben und auch Unterstützung der Mutter und ihres Partners (Familientherapie) einleiten können. Bei einem unter Umständen erforderlichen vorübergehenden „Nein!" auf existentieller Ebene findet ein betroffenes Mädchen hier ebenfalls Unterstützung, etwa dadurch dass sie vorübergehend zu einer Freundin ziehen und / oder eine Auszeit nehmen und Geborgenheit in einer Jugendwohnung finden kann.

Jungen sind in dieser Hinsicht zahlenmäßig weniger betroffen. Seelische Schäden, Schmerzen und Entwicklungsbeeinträchtigungen sind gleichfalls verheerend. Auch psychotische Schübe und psychosomatische Erkrankungen können damit zusammenhängen. Gleichfalls braucht es Jahre, um sich wieder dem Prozess des Lebens anzuvertrauen und unbeschwert den eigenen Kompetenzen gemäß zu leben.

Fällt ein Elternteil aus, unterliegen Heranwachsende des öfteren der Versuchung, einzuspringen und dessen Aufgaben teilweise zu übernehmen. Verführerisch ist der Stolz, „unentbehrlich" zu sein, wertvolle Arbeit zu leisten und vieles schon zu können, während andere noch spielen. Erst im Erwachsenenalter wird es dann vermisst, richtig Kind und Jugendlicher gewesen zu sein, mit unbekümmert fröhlichen Momenten, ausdauerndem Spielen und Sich-Ausprobieren mit anderen … Diese kann kraftspendenden Quellen der Erinnerung werden im Erwachsenenalter sehr vermisst und als Mangel betrauert.

Wenn sich Jugendliche in Not fühlen, können sie sich rund um die Uhr und kostenfrei an die Telefonseelsorge für Kinder und Jugendliche wenden (bundesweit in Deutschland unter der Telefonnummer 0800 / 11 10 333). Wer anruft, bleibt anonym. Warmherzige, wohlmeinende, lebenserfahrene Erwachsene am anderen Ende der Leitung hören geduldig zu, können im einen oder andern Fall wertvolle Empfehlungen geben sowie Hilfs- und Unterstützungsangebote in der Nähe der jeweiligen Wohnung vermitteln.

1.6.5 Depression und Suizidgefährdung

Depressionen im Kindes- und Jugendalter kommen relativ häufig vor, z. T. maskiert durch stark vermehrtes Essen mit damit verbundener Dickleibigkeit (Adipositas) oder durch eine erhöhte Anzahl an kleineren und größeren Unfällen, die einer jugendlichen Person widerfahren (Beinbruch, sich beim Brot-Schneiden heftig verletzen, zahlreiche Stürze mit Abschürfungen und Platzwunden).

Depressionen im Kindes- und Jugendalter sind verstärkt in Liebesmangelzuständen sowie Überforderungen und Belastungen begründet.

Kinder und Jugendliche bedürfen in starkem Maße liebevoller, freundschaftlicher, mitmenschlicher Signale. Diese „nähren" ihr Selbstwerterleben und ihr Empfinden, in der Welt willkommen zu sein. Mit ihrem „Großgeworden-Sein" gilt bei Jugendlichen Bedürftigkeit nicht mehr als „standesgemäß", obgleich sie in hohem Maße gegeben ist.

Emotional zu kurz gekommen und mit den dynamischen Wandlungen ihrer körperlichen, sexuellen und seelischen Entwicklungen (siehe Kap. 1.3), kann das Lebensgefühl gemindert sein. So ein vitales Tief kann mit Abwertungen der eigenen Person sowie der Zukunftserwartungen einhergehen und zu unerträglichen inneren Spannungen führen. Aggressionen gegen sich selbst, sich Schmerz und Verletzungen zufügen („schnippeln" oder „ritzen") können damit zusammenhängen. Dazu gehören auch Versuche, dem eigenen Leben ein Ende zu setzen.

Depressionen bei Kindern und Jugendlichen werden von Kinder- und Jugendärztinnen und -ärzten nicht immer erkannt. Inzwischen gibt es vielerorts spezialisierte Fachkräfte wie approbierte Psychotherapeutinnen und Psychotherapeuten für Kinder und Jugendliche sowie psychiatrisch tätige Ärztinnen und Ärzte. Auch eine familientherapeutische Beratung kann eine konstruktive Entwicklung für alle Beteiligten auf den Weg bringen.

Suizid von Jugendlichen ist ein sehr schwerwiegendes und vielschichtiges Thema. Hier soll es genügen, Gleichaltrigen, Eltern sowie engagierten Personen in ihrem Umfeld Hinweise auf wahrnehmbare Signale und Auffälligkeiten von gefährdeten Kindern und Jugendlichen zu geben. Wie man mit einem betroffenen jungen Menschen als erster Ansprechpartner in Beziehung tritt und ein Gespräch anbietet, wir in Kapitel 2 ausführlicher behandelt.

Die Verantwortung für ein gefährdetes Leben gebietet es allerdings auch, einen der in Deutschland regional gut erreichbaren Kriseninterventionsdienste (KID) in Anspruch zu nehmen. Der jeweilige Dienst ist ebenfalls über die Telefonseelsorge (siehe Seite 40), über das allgemeine Notdiensttelefon (112) oder ein nahegelegenes Krankenhaus zu erfahren. Die Mitarbeiterinnen und Mitarbeiter eines Kriseninterventionsdienstes sind speziell ausgebildet und kommen mit ihrem Hilfsangebot auch ins Haus. Die jeweiligen Kommunalverwaltungen sind zuständig für Auskünfte über die für den jeweiligen Wohnort zuständigen Jugendämter, jugendpsychiatrische Dienste oder weitere ansprechbare Einrichtungen.

Suizid ist die zweithäufigste Todesursache im Jugendalter (hinter Unfalltod). Wesentlich häufiger sind Suizidversuche, bei denen der betreffende junge Mensch am Leben bleibt. Mit dem Überleben ist in der Regel eine große Offenheit und Bereitschaft verbunden, über zu Grunde liegende Nöte, Konflikte und Lebensschwierigkeiten zu sprechen. Dies sollte auf keinen Fall verpasst werden. Auch hier erhöht professionelle Unterstützung die guten Chancen, die Lebenskrise eines jungen Menschen aufzuarbeiten und seine seelische Situation nachhaltig zu verbessern.

Jugendliche, die nicht mehr leben wollen, suchen den Tod als Ausweg aus einem unlösbar erscheinenden Konflikt. In der Auseinandersetzung damit gibt es in der Regel Auffälligkeiten, so dass Eltern, Geschwister, Verwandte, Nachbarinnen und Nachbarn, Lehrerinnen bzw. Lehrer und Gleichaltrige eine Chance haben, die Not zu erkennen und mit dem gefährdeten Menschen in haltgebende Gespräche zu kommen.

Wegen der Mehrdeutigkeit aller Hinweise, die im Folgenden beschrieben werden, sollten professionelle Hilfen frühzeitig in Anspruch genommen werden.

Suizidsignale und Risikofaktoren

Eine Person, die sich mit einem für sie schwerwiegenden Konflikt beschäftigt, ist in ihrer Aufmerksamkeit zunehmend davon absorbiert. Sie kann sich nur schwer auf alltägliche Kontakte, Gespräche, Aktivitäten einlassen. Aufseiten betroffener junger Menschen sollte dabei Folgendes besonders beachtet werden:

- Andeutende Äußerungen: „Ich will tot sein!" Auch verdeckter (ohne einen spezifischen Kontext): „Alles hat ein Ende …"
- Ansätze, über philosophische Schriften zu „Freitod" und „Sinnlosigkeit" im Leben ins Gespräch zu kommen, z.B.: „Hast Du mal ‚Hand an sich legen' von Jean Améry gelesen?"

  Solche Gesprächsangebote sind in jedem Fall aufzunehmen. Sie zeugen von einem gewissen Vertrauen des jungen Menschen der angesprochenen Person gegenüber. Es gilt, sich Zeit zu nehmen, dem jungen Menschen wohlwollend und aufmerksam zuzuhören. Eine in dieser Weise gesprächsbereite Person wird dabei die innere Welt des jungen Menschen kennen lernen und sollte sich auch mit eigenen Fragen an das Leben und eigenen Umgangsweisen in kritischen Lebenssituationen einbringen. Kapitel 2 dieses Buches enthält hierzu weitere detaillierte Anleitungen.
- Rückzug aus zwischenmenschlichen Kontakten bis hin zum vollständigen Abbruch, sich isolieren, allenfalls wortkarg auf Gesprächsangebote eingehen, belästigt klingen oder auch gar nicht mehr auf Gespräche eingehen, bei Tisch, in der Schulpause.
- Die verstärkte innere Anspannung eines betroffenen Jugendlichen ist für anwesende Personen fühlbar, körperlich spürbar. Konkrete Wahrnehmungsbezüge können sein: angespannte Muskeln mit starrer Körperhaltung, geringe Atemtiefe, Entlastungsunruhe beim Sitzen.

  Einen jungen Menschen wegen dieser wenig attraktiven Seiten zu kritisieren, wäre für ihn zusätzlich belastend. Einfühlsames Ansprechen könnte „das Eis brechen": „Magst Du sagen, was Dich beschäftigt?" Angehörige können Situationen beiläufig entstehender Begegnung schaffen, in denen der betroffene junge Mensch „einem über den Weg laufen muss", z.B. es sich in der Küche gemütlich machen, wo er immer mal vorbeikommt, um sich etwas zu essen oder zu trinken zu holen. Ein freundlicher Blick, ein kurzes Wort kann hier wohlwollend und einladend „rüber gebracht" werden, ohne zu bedrängen oder gar zu kontrollieren. Es geht um Chancen in der Begegnung (siehe Kap. 2).

▪ Wenn ein junger Mensch beginnt, seine „Schätze" und etliche ihm wertvollen Gegenstände zu verschenken, ist Achtsamkeit geboten. Auch direkte oder indirekte Abschiedssignale, die noch in den Kontext des tagtäglichen Auseinandergehens und sich wieder Annäherns fallen, aber irgendwie metaphorisch darüber hinaus klingen, können die Suizidabsicht andeuten, ein ungewöhnlich intensives „Gute Nacht!" oder ungewöhnlich getragen ausgesprochenes „Tschüs, ich geh jetzt …".

Ein derartiger Beiklang sollte in jedem Fall direkt angesprochen werden: „Du, das klang ja so, als würdest du dich für immer verabschieden." Die Reaktion des jungen Menschen darauf kann einiges klären und gegebenenfalls ein Gespräch einleiten, in dem auch offen über Tod oder Todesabsichten gesprochen werden kann.

Risikofaktoren können zu einer erhöhten Gefährdung beitragen:

▪ Eine für den jungen Menschen vertraute und wichtige Person ist für ihn nicht mehr erreichbar, ist weggezogen, hat den Kontakt abgebrochen oder ist gestorben. Zu weiteren Personen besteht kaum Kontakt.
▪ Sich jährender Tod einer geliebten, vertrauten Person.
▪ Ein schon mal in der Familie erfolgter Suizid.
▪ Nachricht von einem Suizid in der lokalen Presse.
▪ Erhöhter Gebrauch von Suchtmitteln, z.B. Alkohol oder Marihuana.
▪ Medikamentöse Behandlung eines depressiven jungen Menschen kann eine asynchrone Besserung zur Folge haben, wenn die handlungslähmenden Anteile des vitalen Tiefs durch das Medikament vermindert sind, aber noch nicht die abwertenden, selbstaggressiven Gedanken und Gefühle. Die akute Suizidgefährdung kann übersehen werden, wenn Eltern und Angehörige die wieder gesteigerte Aktivitätsrate als Besserung ansehen und in dem Gefühl „Nun ist alles überstanden" ihre fürsorgliche Achtsamkeit reduzieren.

Zum Abschluss dieses Kapitels ein Zitat aus einem Vortrag des hochangesehenen österreichischen Psychiaters und Experten zum Thema Suizid-Prävention. Es betont, worauf es ankommt, wenn es darum geht, einen (jungen) Menschen davor zu schützen, sein Leben zu zerstören:

„Wesentliches Kriterium einer Beziehung ist die Gesprächsbasis. Eheleute und welche Leute auch sonst, mögen streiten. Gar nicht schlimm. Wenn sie still geworden sind, wenn sie schweigen, wenn sie aneinander vorbeigehen und jeder für sich denkt, dann ist es gefährlich.

… Zum Gespräch bereit sein und den Menschen anzuhören, um ihm die Chance zu geben, Dinge, die auf ihm lasten auszusprechen – oder wie man das so schön im Deutschen sagt – sein Herz auszuschütten. Das scheint mir eine ganz wesentliche … Aufgabe zu sein". (Ringel o. J.)

1.6.6 Selbstverletzungen

Extreme innere Spannungen, schwerwiegende Selbstwertkrisen, sowie intensives Ringen um eine eigene Identität finden Ventile, die nur schwer in unsere gefiltert gezeigte Realität passen. Dazu gehören Selbstverletzugen „Ritzen", „Schnippeln", oder sich Brandwunden zufügen. Weibliche Jugendliche neigen zahlenmäßig weit mehr dazu als männliche. Selbstverletzungen sind ein ernst zu nehmendes Signal, das es aufzugreifen gilt. Ein Gespräch darüber – aufseiten der begleitenden Person ruhig, gefasst und an der inneren Welt des jungen Menschen interessiert – gibt wichtige Hinweise:

Nehmen betroffene Jugendliche das Gesprächsangebot auf, erleichtert es sie wahrnehmbar und geht es ihnen danach besser, so hat wertschätzendes Interesse und In-Beziehung-Sein im Sinne der personzentrierten Psychologie von Rogers (s. Kap. 2.4) gute Chancen, dass die Jugendlichen auf diese Weise konstruktivere Bewältigungsformen finden.

Treten verstärkt Irritationen, Pausen, sichtbare Absorbiertheitsphasen auf, können hinter dem Schnippeln Traumatisierungen stehen, etwa sexueller Missbrauch, frühkindliche Misshandlungen oder andere schwerwiegende Belastungen. In diesem Fall ist eine entsprechende Behandlung in einer speziell auf Traumata ausgerichteten Beratungsstelle, einer Klinik oder psychotherapeutischen Praxis angezeigt.

Im Falle einer Traumatisierung bedarf es eines besonderen Schutzes und eines spezifisch vorbereiteten Vorgehens. Es besteht die Gefahr, dass durch Nachrichten, Bilder, Filme, Zeitungsinhalte und eben auch Gespräche ein Überschwemmt-Werden durch die vormaligen traumatisierenden Ereignisse einsetzt. Traumatherapie baut bei einer betroffenen Person sehr sorgfältig ausgewählte mentale Schritte auf, die ihr den Rückzug auf einen inneren „sicheren Ort" ermöglicht, damit sie sich dann in dem ihr gemäßen Tempo an das traumatisierende Geschehen heranwagen kann. Selbstverletzendes Verhalten als Ausdruck einer psychischen Erkrankung wird im vorliegenden Buch nicht weiter vertieft. (Näheres hierzu siehe Reddemann u. a. 2003 oder Sachsse 2004.)

Hier geht es um selbstverletzendes Verhalten in der Pubertät als jugendliche Krise. Dieses tritt auch in Verbindung mit Magersucht oder Bulimie auf. In Gesprächen mit betroffenen Jugendlichen werden vier Konturen der innerseelischen Situation betroffener Jugendlicher deutlich, obgleich jeweils eine sehr individuelle Lebensproblematik gegeben ist, die im persönlichen Kontakt gehört und beantwortet werden will. Innerseelische Faktoren können sein:

- Selbstverunstaltung als Ausdruck von mangelndem Selbstwertgefühl. Eine Betroffene erzählt im Nachhinein, als ihre Selbstverletzungsphase vorbei war: „Ich habe mein spitzes Messer in eine Kerze gehalten. Das heiße Messer schneidet ja nicht; das brennt in die Haut rein. Wenn die Wunden heilen überziehen sie sich mit einer weißen Haut. Sieht richtig eklig aus. Die löst sich dann ab und dann siehst Du den ‚Sabber‘ darunter. Das sieht wirklich schrecklich aus. Es ist in der Situation ja auch egal, ob ich mir das antue oder nicht; ich bin ja eh nicht wichtig."

- Schmerzlust. Die Jugendliche erzählt, dass sie sich z.T. richtig darauf gefreut hat, zu schnippeln. „Immer am Todestag von meinem Freund hab ich das gemacht. Da freute ich mich schon vorher drauf. Ich fand es schön, den Schmerz zu spüren."

- Schmerz und Narbenmuster als Identitätszeichen. Eine Kollegin berichtet: „Hanne war 17 Jahre alt, als ich sie in Betreuung bekam. Ihr ist ihre Eigenständigkeit von ihren Eltern nahezu vollständig abgesprochen worden. Sie hatte nur nach den Wertevorstellungen der Eltern zu handeln und spürte kein Recht auf ein eigenes Leben. Ihr wurde gesagt: ‚Du musst alles für uns tun, auch später. Da erwarten wir, dass du uns pflegst, du darfst nicht arbeiten, was du willst, nicht die Freunde haben, die du willst, du hast nur für uns da zu sein.‘ Die brauchte das Schnippeln, um sich zu spüren und um einen Weg zu finden, um zu fühlen: ‚Ich bin eine abgegrenzte Person, eine eigenständige biologische Einheit, getrennt von Vater und Mutter und den Forderungen der Außenwelt!‘ Manchmal springt das richtig über, wenn sie ihre Narben zeigen: ‚Ich hab eine eigene Identität! Das ist ein Stück von mir! Das hab nur ich, niemand anderes!‘" Spezielle Tattoos oder Piercing-Schmuck an sehr empfindlichen Körperstellen können eine ähnliche Bedeutung haben.

- Schmerz als realer Halt zur Minderung unerträglicher Spannungen. Hintergrund kann eine unverarbeitete Trennung der Eltern sein, eine Flucht in eine schönere Phantasiewelt oder die Phantasie, jemand anderes zu sein, ein Star oder der enge Freund, die enge Freundin einer herausragenden Persönlichkeit. Auch Macht- oder Sehnsuchtsphantasien können eine große Rolle spielen. Im Alleinsein, im Fühlen körperlicher Schmerzen kann dieses als zum „Aus-der-Haut-Fahren" erlebt werden. Aufmerksamkeit, Fürsorge oder die freundschaftliche Geste einer als wichtig erachteten Bezugsperson könnten hier Wunder wirken. Aber die Bezugsperson muss von selbst kommen, sonst zählt es nicht – gerufenes Mitleid wäre demütigend.

Wenn eine verlässliche Person interessiert und wertschätzend präsent (siehe Kap. 2) ist, gibt sich diese Art selbstverletzenden Verhaltens erfahrungsgemäß nach geraumer Zeit. Bewährt hat sich auch, einen Vertrag mit der betreffenden Person zu schließen, dass sie sich nicht mehr absichtlich verletzt und stattdessen Kontakt und Unterstützung sucht.

1.6.7 Unfallgefährdende Wagnisse

Es kann als sehr belebend, erlösend, beglückend erlebt werden, eine höchst anspannende, sinnlich intensive, die gesamte Aufmerksamkeit und Körperkoordination erfordernde Herausforderung zu meistern. Auf der Suche nach Identität und Selbstwertgefühl im Jugendalter kann dies von einigen Jugendlichen als extrem wichtig, ja lebenserhaltend erlebt werden. Darin liegt für sie die Chance, die eigene Körperlichkeit intensiv zu spüren, mit sich und allen verfügbaren sensomotorischen Ressourcen verbunden zu sein. Dies führt zu hochgradiger Gegenwärtigkeit. Es gibt in solchen Momenten höchster Anspannung keine Vergangenheit, keine belastenden oder demütigenden Ereignisse zuvor und auch keine Ungewissheiten und Ängste für die Zukunft. Alles ist ausgefüllt mit Konzentration der Sinne und Koordination der Kräfte und des gesamten Bewegungsapparats, die Erfahrung „ich lebe", „ich bin" (vergl. Kap. 2.5) in Reinkultur, Glücksgefühl in einer sonst faden Welt.

Bei der Suche nach extremen Herausforderungen sind meist andere Jugendliche mit von der Partie, zumindest werden sie davon erfahren. Dann gilt es, sich in der Gemeinschaft zu feiern, einander zu berichten wie es war, davor, währenddessen und direkt danach. Dies erweitert den Moment der Instensivsterfahrung des „ich bin" um Zugehörigkeit, befreiendes Lachen, gegenseitige Hochachtung, einander bestätigende Mächtigkeit bis an die Grenzen der Naturgesetze. In solchem Hochgefühl werden größere, noch extremere Herausforderungen anvisiert oder auch schon zur Ausführung vorgesehen.

Die Folge können tragische Unfälle sein, mit schweren Verletzungen oder dem Tod eines beteiligten jungen Menschen oder auch von unbeteiligten Personen, die Jugendliche mit ihrem riskanten Verhalten gefährden. Todesnachrichten beziehen sich z. B. auf S-Bahn-Surfen, auf das Dach eines Eisenbahnwaggons springen und mitfahren, in kurzem Abstand zu heranbrausenden Autos über die Autobahn rennen, vor einem Schnellzug über die Gleise laufen oder kurz bevor der Zug kommt von den Gleisen springen, von hohen Brücken springen oder sich ein Auto „organisieren" und ohne Führerschein damit herumrasen. Jungen sind häufiger mit dabei, doch die Beteiligung von Mädchen nimmt zu. Auch weniger gefährliche „Mutproben" sind nicht so harmlos, etwa „stibitzen" im Kaufhaus, barfuß die ausgebreitete Restglut von einem Lagerfeuer überqueren oder einen dicken, lebenden Regenwurm verspeisen.

Der amerikanische Soziologe Mihaly Csikszentmihalyi (1991) konstatiert eine als schädlich erachtete Spaltung in produktive Arbeit einerseits, von der Kinder und Jugendliche lange ferngehalten werden, und erholungs- bzw. lustbetonte Freizeitbeschäftigungen andererseits. Er tritt daher für eine Politik der Freude ein, nicht nur um die Lebenssituation von Kindern und Jugendlichen zu vermenschlichen, sondern auch, damit auch Erwachsene freudevoller leben und arbeiten können. Dies würde allen Beteiligten, Erwachsenen wie Kindern und Jugendlichen, eine wachstumsförderliche, befriedigendere und freudvollere Lebensweise ermöglichen.

„Die Welt, welche sich der Heranwachsende baut, ist keineswegs weniger real als diejenige, in welcher wir anderen leben. In dem Ausmaße, wie die Realität sozial konstruiert wird …, könnte ein auf dem Spiel aufbauendes Leben genauso normal und erfüllend sein wie eines, das um Arbeit und Leistung kreist. Das Problem entsteht dann, wenn in der Dichotomie von ‚Spiel' und ‚Arbeit' jeder der beiden Pole die Möglichkeiten der Freude zerstört, die je im anderen liegen. Dieser künstliche Dualismus bringt eine schizophrene Trennung mit sich, wonach verantwortungsvolle Arbeiter die Freude wie eine gefährliche Droge fürchten und andererseits diejenigen, welche in Randsituationen der Kultur Flow erlebt haben, die Ethik der Arbeit von sich weisen. Keine der beiden Seiten kann für sich Ganzheit beanspruchen: Die erste wird sich immer nach dem Erlebnis sehnen, welches sie ausgeschlossen hat, während sich die zweite heimlich schuldig fühlt, weil sie die Anforderungen des Lebens ausgeschlossen hat, statt sich ihnen zu stellen.

Eine Möglichkeit, diese Spaltung zu überwinden, liegt in der Einsicht, dass die Arbeit nicht unbedingt wichtiger ist als das Spiel, und dass Spiel nicht unbedingt erfreulicher ist als Arbeit. Was sowohl wichtig ist, als auch Freude bringt, ist dies: Ein Mensch sollte seine Fähigkeiten voll in eine Situation einbringen können, wo die Anforderungen das Wachstum neuer Fähigkeiten stimulieren. Ob es sich um eine Arbeits- oder Spielsituation handelt, ob es um Produktion oder Erholung geht, ist unwichtig." (Csikszentmihalyi 1991, 231)

1.6.8 Gewalttätigkeit

Raufereien

Gewalttätigkeiten von Jugendlichen können viele Quellen haben. Manches sieht nach Gewalt aus, ist es aber gar nicht. So neigen pubertäre Jungen dazu, ihre Kräfte zu messen, zu raufen oder sich mit begrenztem Kräfteeinsatz zu prügeln. Da sind durchaus Respekt voreinander und Fairness im Spiel, aber auch die Wahrnehmung körperlicher Berührungen und Grenzen.

> Ein Beispiel: Im Alter von 12 Jahren bekam Jan eine Strafarbeit auf, offenbar anlässlich einer Rauf-Szene vor Unterrichtsbeginn. Er sollte zwei Seiten über die „Dummheit des Kloppens" schreiben. Er spricht in dem Text seinen Lehrer direkt an. Mit Hilfe seines Computers und einer sehr großen Schrift wurden daraus die geforderten zwei Seiten, die der Lehrer schmunzelnd akzeptiert hat. Hier die verkleinerte Fassung (rechtschreibmäßig sanft korrigiert; die Hervorhebungen durch Großschreibung oder fette Schrift wurden beibehalten).

Von der Dummheit des Kloppens
Ich finde, Sie sollten das mit dem freundschaftlichern Kloppen nicht so ernst nehmen. Denn jeder Junge misst seine Kräfte mal. Ich verstehe schon, dass Sie es nicht so gut finden, wenn wir uns **AUS SPASS** *ein bisschen kloppen. Aber das machen andere auch. Natürlich ist es eine Dummheit wenn wir uns kloppen. Weil, wenn man doll zuschlägt, wird es plötzlich Ernst.*
Dass Sie einem aber gleich 2 Seiten aufgeben, finde ich zu streng. Vor allem, weil wir Jungen unsere Kraft spüren und uns dabei gut fühlen.
Sie müssen es doch wissen als Sportlehrer, wie es ist, seine Kraft zu spüren. Es ist ein **GROSSER UNTERSCHIED,** *aus Freude zu kämpfen oder Streit mit Gewalt zu lösen. Ich habe mit Freude Tom Sawyers Abenteuer gelesen. Es handelt von richtigen Jungen. Die sind sehr clever und kloppen sich auch mal. Dabei bleiben sie dicke Freunde* *oder werden es. Ich bin auch ein richtiger Junge und mir geht es mit meinen Freunden auch so.*
Schule erinnert mich manchmal an Rasmus und der Landstreicher. Rasmus find ich nett. Er hat keine Eltern und möchte adoptiert werden. Aber alle Eltern nehmen nur liebe, brave blondgelockte Mädchen. Das bin ich nun mal nicht.
Zum Glück hab ich ja Eltern und die mögen mich so wie ich bin. Wenn ich mal zu wild bin, beruhigen sie mich und es wird keine große Strafe draus. Mir reicht es, wenn sie sagen: „Hör auf damit!" Dann hör ich auf. Sie finden mich auch ziemlich klug. Manchmal bin ich ihnen sogar zu schlau. Dann sagen sie wieder: „Hör auf damit!". Als Kind hab ich mit meinem Papa Freude-Kämpfe gemacht. Das fanden wir richtig Klasse. Das hat mir Spaß gemacht. So, nun sind die zwei Seiten ungefähr voll. DEIN Jan.

Gewalt im Umfeld Schule

In der Schulklasse, auf dem Schulhof oder auf dem Nachhauseweg kommt es des öfteren zu ernsthafteren Gewalttätigkeiten der folgenden Art:

- Bei Jungen deftige verbale und körperliche Spannungsabfuhr (extreme Schimpfwörter, Schubsen und Schlagen, sogenanntes Bullying). Es geht laut und heftig zu, ist in der Regel kurz danach wieder vorbei.
- Bei Mädchen länger anhaltende, abwertende und ausgrenzende Bemerkungen und nonverbale Signale. Sie blicken abschätzig, ignorieren, „schneiden" jemanden oder kichern, tuscheln – gespielt verdeckt und doch eindeutig auf ihr „Opfer" gerichtet. Allerdings stehen Mädchen manchmal im Schlagen oder Haare-Reißen den Jungen nicht nach.

Beide Arten von Gewalt gegeneinander, ob bei Geschwistern innerhalb einer Familie, ob in einer Schulklasse oder im Sportverein, sollten aufgegriffen werden. Eine konstruktiv angeleitete Aussprache (siehe Kap. 2) über die Gründe, Hintergründe, Empfindungen der beteiligten Personen ist notwendig. Häufigeres Gegeneinander bedarf eines längerfristig angelegten Aufbaus eines respektvollen, sozial-emotional zugewandten und „nährenden" Familien- bzw. Klassen- oder Vereinsklimas.

Vielfach steht hinter der Gewaltbereitschaft von Jugendlichen eine belastete häusliche Situation, Mütter oder Väter, die sich überfordert fühlen, den Kindern wenig Halt und Geborgenheit geben können oder unter Stress verletzend mit ihrem Kind umgehen. Bei Mädchen und Jungen ausländischer Herkunft, verunsichert durch zweierlei Kultur-, Sprach-, Gewohnheits- und Werteeinflüsse, können die Belastungen noch verschärft sein. Ein übermäßiger häuslicher Medienkonsum mit den darin zahlreich angebotenen schädigenden zwischenmenschlichen Umgangsformen kann ebenfalls eine beträchtliche Rolle spielen.

In der Hamburger Studie über Gewalt an Schulen (Langer u. a. 1994) schilderten 75 Schülerinnen und Schülern in vertraulichen Gesprächen folgende persönlich erlebte Begebenheiten mit Gewalt, wie sie nach ihren Erfahrungen tagtäglich vorkommen können (wörtliche Äußerungen der Schülerinnen und Schüler in Anführungsstrichen): Prügeleien und Tritte, Schubsen, Umrempeln, Niederschlagen, Erpressungen; Drohung mit angeblich verfügbaren Waffen oder mit angeblich gefährlichen Freunden (damit werden Botendienste erzwungen oder attraktive Gegenstände bzw. Geld abgenötigt), Werfen mit Getränkedosen, provokatorische Schläge als „Anmache", zum Teil auch während des Unterrichts („die hauen auf die Arme oder treten einem in den Hintern").

Physische Gewalt tritt laut Angabe der Schülerinnen und Schüler gehäuft bei jüngeren, in der Grundschule und in frühen Realschulklassen auf. „Gewalt nimmt mit dem Alter ab." „Ab 9. Klasse wird es ruhiger ..." Darüber hinaus kommt es auf die Wohngegend an. Je nach Stadtteil und Art der Schule variieren Gewaltvorkommnisse und deren Bewertung. Etliche Schülerinnen und Schüler erleben derzeit an ihrer Schule wenig oder keine Gewalt „in unserer Schule kein Thema", „seltene Einzelfälle", „nicht sonderlich schlimm".

Gewalt ereignet sich vermehrt in unbeaufsichtigten Zonen, in Flurnischen, schwer einsehbaren Flächen des Schulhofs sowie auf dem Schulweg und in der Freizeit: „während der Freistunden", „vor der Schule".

Starke schulische Forderungen bzw. Überforderungen senken die Gewaltschwelle. Zu Klausur- und Prüfungszeiten wird eine erhöhte Reizbarkeit festgestellt. Oft tragen auch Schüler, die schon zwei Klassen wiederholt haben, älter und stärker sind, zum Gewaltklima bei. Sie lassen ihren Ärger, ihre Frustration im Unterricht an den Kleineren aus.

Alkoholkonsum in oder vor der Schule verschärft die Gewaltbereitschaft. Besonders die Schwelle zum Provozieren bzw. zum Sich-Provozieren-Lassen sinkt unter Alkoholeinfluss stark: „in achtzig Prozent spielt Alkohol eine Rolle".

Hinter schwerwiegenden Gewalttaten steht auf seiten des Täters, der Täterin nahezu immer ein mangelndes Selbstwerterleben, Selbstwert verstanden als Lebenswert (sich lebendig und kraftvoll erleben und damit wirksam umgehen können), als Gemeinschaftswert (sich zugehörig, mit anderen verbunden fühlen, gemeinschaftlich gehalten und getragen sein) sowie als Gestaltungswert (etwas können und es weiter entwickeln).

Kommt es bei Auseinandersetzungen zur Androhung von Waffengebrauch oder gar zur Anwendung von Waffen, ist in jedem Fall Anzeige zu erstatten und das zuständige Jugendamt einzuschalten. Ein frühzeitiger Einsatz von Erziehungshilfe und Jugendlichenbetreuung hat gute Chancen, einer schwerwiegenderen Fehlentwicklung entgegenzuwirken. Die Jugendlichen in der o. a. Studie berichteten von folgenden Waffen, die sie auf dem Schulhof oder auf dem Nachhauseweg bei einigen Schülern gesehen haben, zumeist allerdings angeberisch gezeigt und nicht bei Konflikten eingesetzt: Baseballschläger, Knüppel, Schlagstöcke, Gaspistolen („Gas-Wummen"), Tschako, Schreckschusspistole, Faustringe, „Totschläger", Springerstiefel, CS-Gas, Wurfsterne.

Vorbeugung extremer Jugendgewalt

Quälereien von Jugendlichen durch Jugendliche, die sich über einen längeren Zeitraum erstrecken, können dann entstehen, wenn zu zuständigen Autoritätspersonen (Eltern, Lehrerinnen/Lehrern, Ausbildenden) kein Vertrauensverhältnis besteht. Zur Vorbeugung von Demütigungen oder Misshandlungen sind vonseiten der verantwortlichen Erwachsenen drei

Schritte unerlässlich. Bei aktuellem Bedarf beginnen sie in der angegebenen Schrittfolge, bei neu beginnenden Gemeinschaften mit Schritt 3.

1. Eröffnung eines vertraulichen Mitteilungsweges, möglichst Benennung eines unabhängigen vertraulichen Ansprechpartners. Zumindest einen Briefkasten für vertrauliche Mitteilungen einrichten. Ermutigung der Jugendlichen, keinerlei Abwertung, Demütigung, Bedrohung oder Gewalttätigkeiten hinzunehmen und sie bei Bedarf dem Ansprechpartner bzw. dem Briefkasten anzuvertrauen.

2. Die Vertrauensperson oder die Person, die die Nachrichten aus dem vertraulichen Briefkasten aufnimmt und daraufhin mit den Jugendlichen arbeitet, sollte in gewaltfreier und gemeinschaftsförderlicher Konfliktregelung und Kommunikation ausgebildet sein. Vor allem darf es nicht zu spaltenden Interventionen („gute" – „schlechte" oder „moralisch höher" bzw. „moralisch niedriger" zu bewertende Jugendliche) kommen. Alle Beteiligten sind in ihrer jeweiligen Verantwortung und in ihren konstruktiven Anteilen anzusprechen. Teile dieses Buches geben geeignete Hinweise. Die gekonnte Umsetzung bedarf jedoch einiger Übung.

3. Arbeit an dem Thema: Was brauche ich, um mich hier in der Gemeinschaft mit den anderen Jugendlichen wohl und sicher zu fühlen, damit ich gut lernen und mich mit meinen Kompetenzen, Fehlern, Fragen und Unsicherheiten einbringen kann; damit ich aus meinen Fehlern lernen und meine Fähigkeiten weiter entwickeln kann? Jedem beteiligten jungen Menschen ist hierbei Rechnung zu tragen. Eine vereinbarte und verbriefte Absichtserklärung zu den gewünschten Umgangsweisen miteinander sollte als Wandzeitung allen sichtbar sein. Reihum könnten zwei Jugendliche als Ansprechpartner zur Würdigung der eingehaltenen Regeln oder zum Einfordern nicht beachteter Regeln gewählt werden. Einmal die Woche können die gewählten Jugendlichen die eingegangenen Würdigungen oder Klagen in der Gemeinschaft vorstellen und gegebenenfalls ein Gespräch über Verbesserungen einleiten.

Ein solcher Kodex zu einer förderlichen, wohlmeinenden sozial-emotionalen Lern-, Arbeits- oder Spielgemeinschaft hätte auch gute Chancen, die nicht so auffällige aber oft nachhaltig verletzende psychische Gewalt zu begrenzen oder sogar durch psychisch nährende, einander aufbauende Umgangsweisen zu ersetzen.

Psychische Gewalt

Psychische Gewalt ist vielfach der Hintergrund sowie das Vor- und Nachstadium physischer Gewalt: „Verbalstreit schlägt in Prügel um …". Extreme Abwertungen in Sprache, Haltung und Blicken verletzen tief. Manches

Kind wurde „regelrecht von der Schule geekelt". Besonders verbreitet sind: Hänseln, herabwürdigende, verletzende Bemerkungen („Hure", „Flittchen", „Hurensohn"), hämische Reaktionen, „Niedermachen" bei Wortmeldungen im Unterricht, Missachtung, Ausgrenzen, Ausschließen, verbale „Anmache" wegen Kleidung, Figur, Lebenseinstellung, ausländerfeindliche Parolen (auch von ausländischen Kindern verschiedener Nationalitäten gegeneinander), vielfältige Provokationen, um jemanden wütend zu machen, um „Spaß" zu haben, stark zu erscheinen und den anderen unterlegen bzw. unsicher zu machen.

Psychische Gewalt wird auch einigen Lehrerinnen und Lehrern angelastet. „Sie haben auch Vorurteile gegen Moslems." „Manche Lehrer müssten auch darauf achten, dass sie die Schüler nicht verletzen." „Es kommt vor, dass wir harte Worte von den Lehrern bekommen." (Alle Zitate aus der Studie von Langer u. a. 1994.)

Ohnmacht und ohnmächtige Wut

Heftigste Gewaltimpulse und sich affektiv entladende Gewaltreaktionen kann bei bislang als sehr verträglich eingestuften Schülerinnen und Schülern einsetzen. Wenn sie durch andere Jugendliche in Bedrängnis geraten, mehrmals hintereinander gedemütigt, geärgert oder gereizt werden und darauf nicht gleich begrenzend reagieren können, kann sich eine unbändige Wut aufstauen. Bei der nächsten Demütigung kann es dann zum Losschlagen kommen, mit einem solchen Kontrollverlust, dass der betreffende Jugendliche gar nicht mehr aufhören kann, zu schlagen. Gerhard Wruck (1994) lässt in dem Hamburger Projekt „Gewalt an Schulen" (s. o.) hierzu einen betroffenen Schüler zu Wort kommen:

„Da bin ich total durchgedreht!'
Rainer berichtet über drei Schüler aus seiner Schulklasse, die ihn schon längere Zeit im Visier hatten und nicht damit aufhören wollten, ihn ständig zu schikanieren:

‚Erst mal im Unterricht: Die haben meine Schulsachen geklaut, mich genervt und immer vorgedrängelt, rumkommandiert. … Weil ich nie gemacht hab, was die wollten, haben die angefangen, mich richtig zu nerven, haben mir Schläge angedroht, aber da hab ich auch nicht drauf gehört.'

Seine Versuche, das aggressive Verhalten dieser Schüler zu ignorieren, führte dazu, dass sie während einer Unterrichtspause erst richtig gewalttätig wurden: ‚Mitten auf dem Schulhof kamen die einfach auf mich zu, haben nichts gesagt, haben auf einmal zugetrimmt, einfach eingeschlagen mit Fäusten – ins Gesicht hauptsächlich, in den Magen, auf die Armmuskeln, dass man die Arme nicht mehr besonders bewegen kann.

Dann hat sich einer auf meine Arme gelegt, damit ich bewegungsunfähig bin. Und dann hat er weiter gemacht!'

Die meisten Außenstehenden verhielten sich passiv, niemand war zur Stelle, um ihm helfend beizustehen. Schließlich wurde ein aufsichtsführender Lehrer benachrichtigt, der diese Situation beendete.

Von seiner Klassenlehrerin fühlte Rainer sich ebenfalls im Stich gelassen, da sie im Gegensatz zu anderen Lehrern keinerlei Bereitschaft zeigte, bei Gewaltkonflikten dieser Art einzugreifen oder wenigstens mit den betroffenen Schülern zu sprechen: ,Meine Klassenlehrerin hat gar nichts gemacht! Aber es gab welche, die sind dazwischen gegangen und haben das sofort berichtet, wenn sie was gesehen oder gehört haben; die haben verhindert, dass was passiert und hören auch zu! Die haben ihre Ohren immer auf gehabt!'

Zu Hause fand er in seiner Mutter eine erste Ansprechpartnerin, die zwar ihrem Unmut über das gleichgültige Verhalten der Lehrerin Ausdruck verleihen konnte, ihm aber sonst offenbar keine nennenswerte Hilfe anzubieten vermochte: ,Ich habe das immer meiner Mutter erzählt; die hat meine Lehrerin mal angerufen und sich beschwert wegen der ganzen Schlägereien und so. ... Längerfristig hat das nichts genützt.'

Der Ratschlag seines Vaters war unmissverständlich: ,Das nächste Mal haust Du zu!'

Nach einem Jahr Schikane durch die drei Jungen war für Rainer das Maß endgültig voll: ,Und als mich einer voll mit dem Kopf gegen die Tischkante geknallt hat, da bin ich total durchgedreht, da hab ich jeden einzelnen von den dreien in der Schulstunde total zusammengeschlagen, solange, bis die geblutet haben! Einfach voll auf den Boden und immer wieder voll ins Gesicht mit der Faust!'

Die im Verlaufe dieser Zeit angesammelte Wut entlud sich bei ihm mit einer Intensität, die durch nichts mehr aufzuhalten war und die ungeahnte Kräfte in ihm freisetzte: Da war 'ne Lehrerin, die hat gesagt: ,Hör auf!'; ich wusste auch nicht wieso, aber ich hab weitergemacht, konnte mich auch nicht stoppen! Eigentlich sind die stärker als ich; einer ist sogar im Selbstverteidigungskurs. Einer ging von hinten auf mich zu – dem hab ich voll 'ne ,Kopfnuss' verpasst auf die Nase! Die anderen wollten mich wegziehen, einer hat mich von hinten getreten – was ich mit dem gemacht habe, weiß ich auch nicht mehr. Auf jeden Fall habe ich alle drei gekriegt! Die kamen die nächsten sechs Wochen nicht mehr zur Schule, weil sie im Krankenhaus lagen!

Rainers Empfindungen waren alle abgeschaltet: ,Ich hab nichts mehr gemerkt! Ich hab nicht mehr gedacht, hab nichts mehr mitgekriegt von den anderen Leuten; es gab nur noch eins: zu hauen und mehr nicht! Um mich herum hab ich nichts mehr mitgekriegt.'

Als es dann vorüber war, begann er seine Nerven zu spüren und seine

> Umwelt wieder wahrzunehmen: ‚Also, wie kann man das sagen? Ich habe
> gezittert an den Knien, wusste nicht genau, was richtig los war, wie
> schwer die verletzt waren und hab geschwitzt. Die anderen haben mich
> bloß doof angeguckt, weil ich in der Schule normalerweise als richtig
> friedlich gelte; Schlägereien gegenüber halte ich mich sonst ziemlich zu-
> rück.'" (Wruck 1994, 51 ff.)

In einer solchen Situation sind die Personen, Jugendliche wie Erwachsene,
gefragt, die das Geschehen mitbekommen. Sie müssen eingreifen und den
ungebremst schlagenden Jugendlichen sowie die an der Schlägerei beteiligten Jugendlichen gemeinschaftlich trennen und sie, jeweils zu mehreren,
wegziehen, sie im wahrsten Sinne des Wortes halten, ihnen Halt geben und
sie festhalten. Im Klassenverband ist das gut möglich. Außerhalb der Schule
sind – wenn möglich – Passanten als Helferinnen und Helfer anzusprechen. All das will zuvor in Übungsstunden zum Thema „Wirksam werden
gegen Gewalt" (Langer 2002) besprochen und geprobt werden. Um so
wichtiger sind die weiter oben vorgeschlagenen gemeinschaftsbildenden
Angebote (s. S. 51), die solch ein verbiestertes Gegeneinander, wie es Rainer
beschreibt, gar nicht erst aufkommen lassen.

Gerd Wruck betont in seiner Dokumentation des Gesprächs mit Rainer
einen weiteren Aspekt, der bedeutsam ist, damit sich eine jugendliche
Person in ihrer Not auch wirklich an jemanden wenden kann: Auch bei
Rainer wird der Wunsch sehr deutlich, mit jemandem über das sprechen zu
können, was ihn in seinem Innersten aufwühlt. Zwar können Beschwerden
beim Lehrer durchaus ihren Zweck erfüllen, aber sie ersetzen kein persönliches Gespräch, in dem es um Gefühle, um Ängste, um seelische Verletzungen und um daraus entstehende Aggressionen geht. Viel wichtiger als
eine gemeinsame Front gegen die gewalttätigen Schüler ist für die Opfer das
Gefühl: „Auch wenn die anderen mich nicht so behandelt haben, bin ich
trotzdem ein wertvoller Mensch." Angehörige, Freunde und Lehrer
können ihren Teil dazu beitragen, dass ein Gewaltopfer nicht an sich zwei-
feln oder verzweifeln muss (Wruck 1994, 55).

1.6.9   Kontaktabbrüche – „Straßenkinder" in Deutschland

Familiäre Konflikte, insbesondere wenn pubertierende Jugendliche mit von
der Partie sind, können von Mal zu Mal belastender, einander missachten-
der und verletzender werden. Es fehlt bei Eltern wie Kindern vielfach ein
Halte- und Umgangsrepertoire (Containment) für heftige Affekte wie
Hass, Trauer, Wut, Verzweiflung und enttäuschte Erwartungen. Familienhilfe wäre dringend geboten, wird aber nur selten gesucht und nicht genügend schwellennah angeboten. Von Zusammentreffen zu Zusammentreffen

wird dann die Beziehungsatmosphäre vergifteter und erscheint immer aus-
wegloser. Gereizte Stimme, ärgerliche Blicke und die eine oder andere
„schräge" Bemerkung mögen das Fass zum Überlaufen bringen und – meist
im Affekt – zu einem Abbruch der Beziehungen führen. Etliche Jugendliche
werden in einer solchen Situation „rausgeschmissen". Bei schwerwiegenden
Demütigungen, Schlägen oder auch sexuellen Übergriffen brechen Jugendliche auch von sich aus mit ihrer Familie und „hauen ab". Wenn keine Versöhnungskultur gegeben ist und eine hilfreiche institutionell getragene professionelle Vermittlung bei Konflikten schwer zugänglich ist, bleiben die
betroffenen Jugendlichen „auf der Straße". Daniela Bielert (2005) hat in
Hamburg mit 50 „Straßenkindern" über ihre Wahrnehmung der kritischen
Entwicklung im Elternhaus sowie ihre jetzige Lage, ihre Wünsche und
Lebensperspektiven gesprochen. So gut wie alle empfanden den Krach der
zum Rausschmiss geführt hat eher banal, sozusagen als Funken an dem
über die Zeit aufgebauten Kerosinfass. Sie äußerten fast durchweg die Sehn-
sucht, sich wieder mit Vater oder Mutter auszusöhnen und auch wieder zu
Hause zu leben. Allein sie sahen dafür keinen für sie gangbaren Weg, weil es
ihnen nicht genügend erschien, einfach zurückzukehren. Eine vermittelnde
und regelnde helfende Person wäre für einen gewissen Zeitraum zur Über-
brückung der Verletzungsatmosphäre, der „Hasskappen" und zur Bewälti-
gung verinnerlichter ungelöster Konflikte sowie der mangelnden Fähigkeit
der Kommunikation mit sich und anderen dringend erforderlich.

Auch betroffene Väter und Mütter sind mit der affektiven Eskalation
und dem Rausschmiss nicht sonderlich glücklich. Hierzu drei Originalzitate
aus einem Gespräch von Marion Thies (2000) mit einer betroffenen Mutter:

> „… und als das dann vorbei war, dann bin ich doch in ein sehr tiefes Loch
> gefallen, dass sie nun plötzlich weg war … Für mich war das ganz
> fürchterlich und ich habe mich eigentlich nur mühsam aus diesem Loch
> wieder rausgezogen … Ich konnte gar nicht in ihr Zimmer gehen (…) und
> ich habe ja auch die ganzen Jahre immer viel mit ihr und für sie getan …
> Ich wünsche mir nichts sehnlicher, als dass sie zurückkommt, aber ich
> habe auch große Angst davor."

Schätzungen über die Anzahl von Straßenkindern in Deutschland belaufen
sich auf etwa zwei bis drei tausend Jugendliche, gehäuft in Metropolen wie
Hamburg, Berlin oder Düsseldorf. Für Begleitung und Beratung von
Jugendlichen sowie ihrer Eltern werden hier klare Aufgaben deutlich:

- Konfliktregelungshilfen und -mediation für Familienmitglieder im
  Vorfeld der Eskalation;
- Nutzung von nachhaltigen Zwischenlösungen (in eine Jugendwoh-
  nung ziehen oder eine Zeit lang bei Freundinnen/Freunden in deren

Familien wohnen). Der größere Abstand kann für alle Beteiligten, wenn sie sich wieder treffen, sehr lindernd sein, was Belastungen oder Verhärtungen anbelangt.

- Niedrigschwellig zugängliche Vermittlungs- und Konfliktmediationsangebote direkt nach einer eskalativen Trennung oder geraume Zeit später.
- Insgesamt fehlt in den westlich-zivilisatorischen Lebenswelten eine in den Lebensalltag integrierte Versöhnungskultur. Sie wäre in unserer Gesellschaft aufzubauen und zu einer traditionell weiter zu gebenden Selbstverständlichkeit zu entwickeln. Ansätze hierzu finden sich z. B. in Angeboten für Schülerinnen und Schüler in sogenannten sozialen Brennpunkten.

1.7 Aufbau eines unterstützenden Gefüges

Die Wurzeln der beschriebenen Notreaktionen liegen in einem verbreiteten Kontaktverlust zu Kindern und Jugendlichen und einem Im-Stich-Gelassen-Sein der an ihrem Werde- und Wachstumsprozess beteiligten Personen. Es ist nicht hilfreich, wenn diese einander Schuld zuschieben, wie unlängst z. B. in Hamburg: Lehrerinnen und Lehrer geben den Eltern von verhaltensauffälligen Schülerinnen und Schülern die Schuld, dass sie nicht erziehen oder nicht erziehen können. Eltern klagen vielfach ihrerseits über die Schule, über Lehrerinnen und Lehrer, aber auch über mangelnde Plätze an Kindertagesstätten oder einer Nachmittagsbetreuung für Kinder und Jugendliche. Und Vater oder Mutter, ob alleinerziehend oder gemeinsam, lechzen nach entlastenden und unterstützenden Erwachsenen sowie nach verlässlichen Kinder- und Jugendangeboten, vor allem, wenn nicht gerade engagierte Großeltern, Verwandte oder Nachbarn zur Verfügung stehen.

Eine Familie oder das, was von ihr im einen oder anderen Fall übrig geblieben ist, ist in der Regel am dichtesten dran an der Entwicklung von Kindern und Jugendlichen, sollte eine schützende und Anregung bietende „Lebensschale" für das Werden, Wachsen und sich Entwickeln von Kindern und Jugendlichen sein. Sie ist jedoch vielfach überfordert, wenn sie keine weitere schützende und förderliche Umgebung aufweist. Quasi konzentrisch um Familien herum bedarf es weiterer „Schalen" unterstützender, haltgebender, anregender und beratender Begleitung, nicht nur als Notversorgung nach einem Jugendhilfegesetz, sondern als eine gesellschaftlich selbstverständliche, wohlmeinende, warmherzige, kluge und tatkräftige Unterstützungskultur, die auch all das würdigt, was in oft über die eigenen Kräfte hinausgehendem Engagement von Eltern, Erzieherinnen und Erziehern sowie Helferinnen und Helfern im psychosozialen Bereich geleistet wird. Dies fehlt zur Zeit vielerorts.

Der erste wirksame Schritt besteht darin, uns über unsere eigene Not und die darin gewählten Entlastungsmuster klar zu werden, sie zunehmend weniger mittels überforderungsgespeister Schutzmuster zu tarnen, sondern sie stattdessen unter allen Beteiligten anzusprechen, einander Verständnis und Mitgefühl entgegenzubringen sowie haltgebende Ressourcen einzufordern bzw. sie einander vorübergehend, unter Umständen kreativ-improvisierend, zu geben.

Es bedarf eines ineinander greifenden Unterstützungssystems um die Lebensschale von Kindern und Jugendlichen herum, wie eine Schale, umgeben von einer Schale, umgeben von einer Schale. Damit kann eine lebensfreundlichere Gestaltung der Lebensverhältnisse in Familien, Familienverbündeten bzw. Großfamilien, Wohnort-Gemeinschaften einsetzen. Mit einem solchen sicht- und spürbaren Unterstützungsgefüge erhalten Kinder und Jugendliche eine für sie greifbare Orientierung, sich daran zu beteiligen bzw. mitzumachen, ihr Leben ohne einen sie extrem überfordernden Lebensstress aktiv und gestaltend in die Hand zu nehmen sowie Lebensschwierigkeiten zu bewältigen. Wer sich als erwachsene Person in dieser Weise am Aufbau eines Unterstützungsgefüges zum Werden und Wachsen beteiligt, ist für Kinder und Jugendliche ein glaubwürdiger Ansprechpartner, eine glaubwürdige Ansprechpartnerin.

Erforderlich ist z. B. ein institutionalisiertes Supervisionsangebot für junge Mütter sowie für junge Väter. Geburtsvorbereitungskurse sind hier vielleicht ein Beginn. Aber danach? Gerade in den ersten Jahren werden für die Kinder grundlegende Weichen und Lebensbahnungen gelegt. Junge Mütter und – soweit sie sich beteiligen – junge Väter leisten eine höchst anspruchsvolle, die ganze Frau, den ganzen Mann erfordernde Arbeit, kräftezehrend, rund um die Uhr, und sind damit insgesamt doch recht allein. Ein vernetztes Angebot erfahrener Mütter, Väter auch weiterer engagierter Erwachsener, unterstützt durch entsprechende Kurse und eigener Supervision könnte bislang brach liegende maßgebliche Ressourcen aktivieren und integrieren. Ein unterstützendes Gefüge für Eltern, Kinder und Heranwachsende bedarf sechserlei:

1. Einen wohnnahen Zugang,
2. Kontakt stiftende Initiativen,
3. Anhören, Bekanntmachen des Bedarfs,
4. Anreize für Personen, mitzumachen und ihre Ressourcen einzubringen,
5. niederschwellige Ansprechbarkeit des aktuellen und längerfristigen Bedarfs,
6. finanzielle Unterstützung für Bildungsangebote, Supervision und Erweiterung des unterstützenden Gefüges via Internet, externen Fachkräften sowie Beraterinnen und Beratern.

Eine Erfolg versprechende Basisstruktur für derartige unterstützende Gefüge ergab sich aus wohnwirtschaftlichen Zusammenhängen. In Ballungsräumen und Hochhaussiedlungen von Großstädten drohte Verwahrlosung in den Treppenhäusern, an den Häuserwänden sowie den umgebenden Grünflächen. Daher wurden diese Wohngegenden zunehmend gemieden. Der Leerstand bedeutete erhebliche wirtschaftliche Verluste. Abhilfe schuf die Idee, im Hochhaus eine Ansprechgelegenheit für alle Wohnbelange einzurichten. Eine der Realisierungen in einem Hamburger Ballungsgebiet geschah folgendermaßen: Die erste leerstehende Wohnung im Hochhaus nahe dem Gebäudeeingang wurde zu einer Art Rezeption umgebaut, an der die Bewohnerinnen und Bewohner begrüßt oder verabschiedet wurden, wenn sie ein- und ausgingen. Zwei zuvor arbeitslose Frauen wurden dafür eingestellt und bekamen diese Aufgabe. Freundlich erkundigten sie sich nach dem Befinden und dem Bedarf der dort wohnenden „Gäste". Eine zweite leerstehende Wohnung wurde für gemeinsame Treffen und Gespräche hergerichtet. Die Damen an der Rezeption suchten zurückgezogen lebende Personen auf, stellten sich vor und luden dazu ein, sich mit einigen weiteren Hausbewohnern bei Gebäck, Kaffee oder Tee zu treffen und sich über die eine oder andere Möglichkeit zu unterhalten, einander zu unterstüten, z. B. einen kleinen Einkauf für die Nachbarin, den Nachbarn mit zu erledigen. Örtliches Know-How wurde ausgetauscht (Ärzte, günstige Einkaufsmöglichkeiten), lang gehegte Wünsche konnten realisiert werden (Bänke auf dem Rasen, überdachte Fahrradständer vor dem Haus usw.). Die menschlich-persönliche Rezeption im Hochhaus wurde als sehr hilfreich begrüßt und zunehmend genutzt.

Eine derartige, aktive, kontaktstiftende Anlaufstelle, ein Nachbarschafts-Portal für Eltern, Kinder und Jugendliche wäre die erste „Schale" unterstützender nachbarschaftlicher Gegenseitigkeit mit zunehmendem Aufbau und Bekanntmachen von Know-How und Ressourcen für wesentliche elterliche Belange sowie zur Initiierung der dazu erforderlichen Kontaktaufnahmen. Die Wahlfreiheit, dabei zu sein oder nicht, bleibt den in Frage kommenden Müttern, Vätern, Kindern und Jugendlichen unbenommen.

Von da aus ließen sich überregionale Initiativen einbeziehen, heutzutage freigiebig im Internet zugänglich, etwa „Jugendliche helfen Jugendlichen", „Schüler helfen Schülern", Selbsthilfegruppen (in einer Großstadt wie Hamburg gibt es allein über Tausend davon, vielfach für Belange des Heranwachsens oder auch der Entwicklungsschwierigkeiten von Jugendlichen), medizinische und psychologische Spezialambulanzen (beginnend bei „Schreibabies" mit ihren zermürbten Eltern), Informationsbanken für Jugendliche mit Anregungen und Kontaktmöglichkeiten.

In nahezu jeder Wohngegend liegen vielfältige Unterstützungspotentiale brach, gerade auch von älteren Personen, die gerne einmal Mütter und Väter entlasten würden. Wohnungsnahe Unterstützungs-Anlaufstellen können vorbereitenden Kontakt schaffen sowie Bereitschaft und Bedarf zusammenführen. Kontakt und Gegenseitigkeit schaffen Wohlgefühl und Lebensqualität.

Immerhin gibt es heute bereits hilfreiche Einzel-Unterstützungsangebote für Jugendliche und ihre Familien. Und es lohnt sich, sie in Anspruch zu nehmen. Welche Möglichkeiten hier bestehen, illustrieren die folgenden beiden Beispielkapitel mit den Jugendlichen Frank und Gaby. Beide basieren, ebenso wie die Berichte über Addo und Arne, auf Beratungserfahrungen von Stefan Langer.

Die Haltungen und Kräfte, mit denen die konstruktiven Entwicklungen der Jugendlichen in den Beispielen verbunden sind, werden in den Kapiteln 2 und 3 ausführlich behandelt.

1.8   Bis das Leben erst richtig anfängt – Frank

1.8.1   Zur Situation in Franks Familie

Frank war zum Zeitpunkt des Beginns der Betreuung 15 Jahre alt, seine ältere Schwester 19 und sein jüngerer Bruder 12.

Franks Vater und Mutter sind Deutsche. Als sie noch zusammen lebten, sind sie beide zum Islam übergetreten, in eine muslimische Abspaltung, die Sektencharakter hat. Die Mutter meinte allerdings, sie überließe den Kindern die Freiheit, über ihre eigene religiöse Ausrichtung selbst zu entscheiden.

Die Mutter wandte sich an das Jugendamt, weil sie hauptsächlich mit Frank nicht mehr zurechtkam. Aber auch insgesamt lief es nicht gut in der Familie. Kommunikation fand kaum statt. Die Mutter fühlte sich von allen Kindern schlecht behandelt. Auch war sie krank und konnte nicht arbeiten. Sie war wenig belastbar.

Das Jugendamt hatte Familienhilfe bewilligt, die ich dann angeboten habe, um die Mutter zu stärken und um mit den Jungen Kontakt aufzunehmen. Das Problem dabei war, dass Frank schon zweimal einen Erziehungsbeistand hatte. Beide Betreuer hatte er nicht angenommen und sie in ihren Bemühungen „verschlissen". Für mich war es daher natürlich schwer, mit ihm in Kontakt zu kommen. Bei ihm lag eine grundlegend ablehnende Haltung vor.

Beim ersten Termin mit den beiden Brüdern wollte ich eine Situation schaffen, die für sie neu und angenehm sein sollte. So lud ich sie ein, aus der Stadt rauszufahren und sich ein leckeres Eis zu gönnen. Frank war extrem ablehnend. Ein Eis wollte er auch nicht.

Wir sind in die Natur hinausgefahren. Ansatzweise flackerte dabei der Kontakt zu Frank auf: Der Kleine sprach darüber, was er später werden wolle. Frank sagte dann, er würde gern in die Politik gehen. Ich meinte dazu, dass ich es schade fände, wenn er Politiker wird, weil ich die meisten Politiker nicht sonderlich mag. Er wirkte erstaunt, dass ich ihm widersprochen hatte. Wir sprachen dann über unsere Ansichten zu Politikern, und Frank zeigte ein gewisses Interesse. Aber nach einigen Sätzen erschrak er richtig, dass er sich mit mir unterhielt und seine Ablehnung vergessen hatte. Mitten im Gespräch machte es „klack" und der Kontakt war vorbei. Auf der Rückfahrt habe ich ihn daraufhin angesprochen. Er meinte, er habe bereits zwei Betreuer gehabt und die hätten ihm nicht geholfen. Noch einen brauche er nicht. Ich schlug ihm vor, dass er mir trotzdem eine Chance geben solle, dass wir uns drei Monate lang wöchentlich treffen sollten, etwas unternehmen, was uns Spaß macht. Wenn er nach drei Monaten den Eindruck habe, dass es ihm nichts bringe, dann würden wir es sein lassen. Er antwortete, er sei sich ziemlich sicher, dass es ihm nichts bringen würde, aber er habe dabei auch nichts zu verlieren und er gebe mir die Probezeit.

1.8.2   Franks Schwierigkeiten

Frank ist recht gut in der Schule. Er macht von sich aus nicht viel mit, aber wenn er im Unterricht gefragt wird, kann er gut antworten und auch die Klassenarbeiten können sich sehen lassen.

Zum Beginn der Betreuung war er noch auf der Hauptschule, aber nach meinem Eindruck wäre für ihn auch das Gymnasium möglich gewesen. Er ist intelligent, aber ohne große Motivation, sich im Unterricht zu beteiligen.

In seiner Klasse war Frank ein Außenseiter. Seine langsame, fast träge Art zu antworten, wenn er überhaupt antwortete, wirkte überheblich. Freunde hatte er keine und auch sonst keine zwischenmenschlichen Kontakte. Seine Lehrer mochten ihn offenbar auch nicht. Er saß die meiste Zeit zu Hause herum, sah fern oder spielte am Computer. Auf seine Mutter hörte er nicht mehr und ignorierte sie. Wenn sie ihn um Mithilfe im Haushalt bat, sah er sie kurz an, wandte sich dann wieder ab und antwortete noch nicht einmal. Wenn sie in sein Zimmer ging, meinte er: „Du hast hier nichts zu suchen, geh hier raus!"

1.8.3   Wenn Jugendliche ihre Eltern verachten ...

Ich bat die zusammenlebenden Mitglieder der Familie (die Mutter mit den beiden Jungen und der Tochter – der Vater wollte keinerlei Kontakt) zu einem Familiengespräch. Treffpunkt war der Gruppenraum meines Betreuungsvereins – nicht die Wohnung der Familie, um neue Kontaktausrichtungen der Familienmitglieder zu erleichtern. Wir sprachen über die

Ursachen der Kommunikationssperre in der Familie. Mein Eindruck war, dass die Kinder ihre Mutter verachteten. Sie taten es wirklich, wohl auch, weil sie oft inkonsequent war. Sie kündigte Konsequenzen für bestimmte Verhaltensweisen an, aber die angedrohte Strafe blieb aus. Zudem beschäftigte sich die Mutter mit esoterischen Themen in entsprechenden Kreisen. Wie weit der religiöse Glaube dabei eine Rolle spielte, kam bei den Gesprächen nicht heraus. Aber die Kinder fanden wenig Ansatzpunkte, stolz auf ihre Mutter sein zu können.

Ich bat die Familienmitglieder, aufzuschreiben, was sie aneinander und in der Familie „richtig gut" fänden. Erstaunlicherweise fielen den drei Kindern, selbst Frank, positive Seiten der Mutter ein, z. B.: „Die Mutter kocht gut." Die Mutter fand nichts Positives; sie konnte nichts Positives über ihre Kinder und über die Familie sagen.

Jugendliche wollen ihre Mutter, ihren Vater – wenn erreichbar – oder eine ihnen wichtige Bezugsperson grundsätzlich schätzen und bewundern. Wenn die Mutter (oder der Vater) sich dann so verhält, dass es den Jugendlichen schwer fällt, sie zu achten, zu lieben, zu bewundern und zu respektieren, dann geraten sie in schwerwiegende Konflikte: „Einerseits ist sie meine Mutter, aber sie verhält sich so schwach und inkonsequent und komisch, dass ich sie gar nicht ernst nehmen und gern haben kann." Frank war dadurch offensichtlich blockiert. Sobald die Mutter auch nur irgendetwas sagte, konnte er das nicht mehr tun. Sie brauchte nur zu sagen: „Repariere doch einmal dein Fahrrad, immer leihst du dir meines aus.", dann ging es auch schon nicht mehr. Sobald die Mutter etwas ausgesprochen hatte, musste Frank dagegen handeln.

1.8.4 Zur Eigenständigkeit verhelfen

Ich arbeitete daran, Frank, der mittlerweile 17 Jahre alt geworden war, in seiner Eigenständigkeit zu unterstützen. Ich schaltete das Jugendamt ein und setzte etliche Hebel in Bewegung, damit er von zu Hause ausziehen konnte und ein Zimmer außerhalb oder in einer Wohngemeinschaft bekam. Ich hatte den Einduck, er käme sonst nicht aus seiner Verweigerungshaltung heraus und könnte seine Anspannung äußerst aggressiv ausagieren, wenn er in der Familie wohnen bliebe.

1.8.5 Interessen wecken

Es galt, zum Aufbau unserer Beziehung etwas für Frank zu finden, das er gerne machte, vielleicht sogar gut konnte – und ich auch. Dafür ist aufseiten der betreuenden Person Vielseitigkeit gefragt, z. B. Kanu fahren, Tretboot fahren, schwimmen gehen, Minigolf spielen, Fußball spielen, Tischtennis spielen, künstlerische Betätigungen (fotografieren, Filme machen mit einer Videokamera), weiterhin musikalische Angebote, wie Gitarre, Bass, Schlagzeug spielen; je mehr von allem, desto besser.

Bei Frank stellte sich heraus, dass er grundsätzlich zu nichts Lust hatte, bis ich ihm erzählte, dass ich in einer Band spiele, einen Übungsraum habe, und ihn fragte, ob er vielleicht Interesse an einem Musikinstrument hätte. Da blitzten die Augen auf. Jegliche Ablehnung war mit einem Mal verschwunden und er sagte in seiner typischen Art: „Ja, das täte ich mir schon einmal gern ansehen." Damit hatten wir etwas Verbindendes gefunden. Wir sind regelmäßig in den Übungsraum gegangen. Er spielte Bassgitarre, ich Gitarre. Dabei wurde ihm klar, dass er auch Gitarre lernen wollte. Ich bot ihm an, ihm eine eigene Gitarre zu kaufen, aber nur, wenn er sich bei einer Musikschule anmelden und Gitarrenunterricht nehmen würde. Ich vermittelte ihm einen Gitarrenlehrer. Den teuren Unterricht zahlte zu einem Drittel seine Mutter, zum zweiten Drittel sein Vater und den Rest er selbst. Wir kauften eine preisgünstige Gitarre für Frank, samt Verstärker. Bis heute nimmt er fleißig Unterricht und hat schon gut spielen gelernt.

Über die Musik fand Frank Kontakt zu einem Musikprojekt an einer Schule. Dazu gehört ein Übungsraum in Stadt. Der Betreuer des Raumes und des Musikprojekts, das von der Stadt finanziert wird, bietet Sozialarbeit mit Rockmusik an. Hier können Jugendliche sich treffen. Frank fand dort etliche Freunde und Kontakte.

1.8.6 Respektvoll sein

Frank und ich haben einander immer sehr respektvoll behandelt. Ich machte ihm nie Vorschriften, weil die Beziehung mit der „Probezeit" keinen sonderlich festen Boden hatte. Franks Mutter hatte von mir erwartet, dass ich gegenüber Frank die fehlende väterliche Strenge walten ließ. Ich konnte das nicht, sonst hätte ich wohl die Beziehung zu Frank verloren.

Eine betreuende Person befindet sich in einer Zwickmühle zwischen Mutter/Eltern, manchmal auch dem Jugendamt und dem Jugendlichen selbst. Die Erwartungen aller drei können sehr verschieden sein. Mein Ziel ist es dann, dass die Jugendlichen zu einer stabilen Selbststeuerung gelangen. Sie brauchen dazu Gelegenheiten und Anregungen, um ihre Talente, Neigungen, Fähigkeiten und Grenzen kennen zu lernen und Umgang zu ihrem inneren Wissen zu finden. Damit verbinden sich für sie selbst gesteckte Ziele, denen sie aus innerer Überzeugung nachgehen und für die sie auch Anstrengungen auf sich nehmen, um die im Fortschreiten liegende tiefe Befriedigung zu erfahren: „Ich werde, also bin ich."

1.8.7   Orientierung geben

Frank ergriff zunehmend die Initiative, kam von allein auf mich zu, wenn er etwas wissen wollte. Unsere Gespräche nahmen zu und wurden länger. Zum Beispiel wollte er wissen, was ich bei der Bundeswehr gemacht habe und wie ich dahin gekommen sei. Auch die Lehrgänge dort interessierten ihn, wobei er sagte, für ihn käme das nicht in Frage. Weiterhin war er sehr interessiert an meinem Studium und an meinem Beruf. Er meinte, er könne sich auch vorstellen, im sozialen Bereich zu arbeiten. Er machte sich viele Gedanken über seine Zukunft und ließ auch Gespräche über seine Ängste diesbezüglich zu. Er nahm mich als Vertrauensperson an und stellte fest: „Der kann mir helfen. Der drängt sich mir nicht auf und will mich auch nicht in eine bestimmte Richtung schieben. Er fordert auch nicht, dass ich gut in der Schule bin, denn das ist mein eigenes Ding. Der Betreuer weiß Etliches, beruflich, musikalisch usw. Das kann ich für mich nutzen."

Nach eineinhalb Jahren entstand ein tragfähiges, freundschaftliches und entspanntes Verhältnis. Frank ließ keinen Termin mit mir aus. Das war für mich auch ein Indikator für den Stellenwert unserer Beziehung und dafür, dass Frank in der Betreuung einen Sinn sah.

1.8.8   Vorbereitung zur Selbstständigkeit

Jetzt war es an der Zeit, dass Frank ganz auf eigenen Beinen stand. Ich wollte ihn unterstützen, bei der Mutter auszuziehen und einen Job zu finden. Dies würde seine Blockade gänzlich auflösen. Einmal überraschte er mich und und zeigte mir stolz den Ausweis. Er hatte ihn, ohne dass jemand etwas wusste, beantragt und bekommen. Beim letzten Treffen meinte er zu mir, er habe das Gefühl, jetzt fange das Leben erst richtig an. Die Aussicht, bei der Mutter auszuziehen, hatte die Beziehung der beiden aufgelockert und entspannt. Sie verstanden einander jetzt besser.

Franks Ausbildungsziel war die Fachhochschule für Graphik und Design in Bremen und er hatte gute Chancen, angenommen zu werden.

1.9   Begleitet leben lernen – Gaby

Gabys Eltern riefen verzweifelt bei der Beraterin, einer Kollegin von uns (Sozialpädagogin mit psychotherapeutischer Zusatzausbildung), an, weil Gaby nur noch 45 kg bei einer Größe von 1,78 m wog und sie immer weiter abzunehmen schien. Die Eltern machten sich große Sorgen. Ärztlicherseits war abgeklärt worden, dass keine körperliche Erkrankung vorlag.

1.9.1 Eine Familienberatung

Die Beraterin lud Gaby mit der ganzen Familie, Eltern, Gabys Zwillingsbruder plus Cockerspaniel, ein. Als die Familie kam, verkroch sich der Hund unter Gabys Stuhl und kam nicht wieder hervor. Gaby war nicht bereit, ihren Mantel auszuziehen. Sie saß auf dem Stuhl auf der Kante, während die anderen sich bequem auf Sofa und Sessel setzten und sich ausbreiteten.

Alle Blicke waren auf Gaby gerichtet. Es wurde kommentiert, wie sie auf dem Stuhl saß, wie sie guckte, dass sie den Mantel nicht auszog, überhaupt, dass sie so einen Mantel gekauft hatte, dieser Mantel sei ganz unmöglich; dass sie nicht esse, und dass sie nicht dies tue und nicht das tue.

Die Beraterin schaute von einem zum anderen und war neugierig, ob es irgendein wirkliches Gespräch geben würde. Es gab keins. Bis die Beraterin den Beschuldigungen ein Ende setzte und schilderte, was sie wahrgenommen hatte:

Gaby sollte offensichtlich alles so machen, wie es im Sinne der Eltern und des Bruders „richtig" sei. Keiner fragte, was Gaby selbst wollte.

Auf der anderen Seite vertrete sich Gaby selbst nicht und der Einzige, der offensichtlich zu ihr halte, sei der Hund, der unter dem Stuhl sitzt.

Der Hund zitterte vor Angst. Ihm schien es unter dem Stuhl von Gaby überhaupt nicht gut zu gehen. Offensichtlich drückte er Gabys Leid aus. „Ja", wurde bestätigt, „das macht der immer so." – „Das kann ich verstehen", antwortete die Beraterin, „mir ist es auch nicht so gut gegangen beim Zuhören und Zuschauen. Gleichzeitig habe ich mich als Beraterin elend gefühlt: Ich wollte den Eltern nicht die Schuld geben. Ich habe ganz deutlich gefühlt, dass Eltern und Bruder sehr auf Gabys Seite standen. Trotz allem konnte man spüren, dass da ganz viel Liebe untereinander war, aber dass ihrer aller Sorge um Gaby dazu führte, sie permanent unter Druck zu setzen."

Daraufhin waren alle sehr aufmerksam und ich bat Gaby, sich so hinzusetzen, dass sie sich wohl fühlte. Daraufhin nahm Gaby den Stuhl und setzte sich etwas außerhalb der Familie. Ich fragte sie, ob es so gut für sie sei. Sie atmete auf und sagte: „Ja." Ich fragte: „Ist es auch noch gut für dich, dass du den Mantel anhast?" Es war sehr warm im Raum. Sie antwortete: „Sonst friere ich." – „Das verstehe ich, du bist so dünn, dass du noch Schutz um dich herum brauchst." – „Ja."

Der Hund lag nun mit dem Kopf zwischen seinen Vorderpfoten und guckte unter dem Stuhl hervor.

Im weiteren Gespräch stellte sich heraus, dass Gaby den Eindruck hatte, von ihren Eltern überhaupt nicht gesehen zu werden und dass der Bruder immer im Vordergrund stand, einfach weil er ein Junge war und daher viel wichtiger als sie. Auch der Vater sei viel wichtiger als die Mutter und es sei eigentlich überhaupt nicht gut, Mädchen oder Frau zu sein. In der Schule sei es auch so. Bruder und Schwester gehen in dieselbe Klasse. Sie werden nur zu zweit als Zwillinge wahrgenommen. Gaby hat überhaupt keine Chance, als Gaby wahrgenommen zu werden.

Gaby stand mitten im Abitur. Sie war sehr leistungsorientiert und hatte das Bedürfnis, alles richtig zu machen. Dies wurde von der Schule und von den Erwartungen der Eltern ständig gefördert. Gaby hatte den Eindruck, dass sie ohne diese große Anstrengung, alles richtig zu machen, keinen Platz in der Welt haben könnte. So dachte Gaby, wenn sie alles richtig mache, habe sie alles unter Kontrolle. Dann hätte sie eine Chance, zu bestehen, ja letztlich zu überleben. Nur dann.

Nach und nach stellte sich in dem Gespräch heraus, dass Gaby fast ununterbrochen lernte. Sie gönnte sich kaum Schlaf, keine Ruhepausen, keinen Besuch bei Freunden, sondern hatte furchtbare Angst, das Abitur nicht zu schaffen, furchtbare Angst, dann nichts zu gelten und kein Recht auf einen Platz in der Welt zu haben.

Die Beraterin war sehr besorgt, dass Gaby in dieser Weise nicht mehr lange leben könnte, dass sie sterben könnte. Sie wollte aber nicht übermäßig Partei für Gaby ergreifen und damit den Eltern, der Schule oder dem Bruder die Schuld geben. Sie spürte starke Impulse, Gaby zu schützen, und teilte ihr dies mit: „Ich habe das Gefühl, ich kann mich nur schwer in meinen Sorgen um dich begrenzen und ich frage mich, ob das etwas mit deiner Schwierigkeit zu tun hat. Ich habe festgestellt, dass ich wie deine Eltern dauernd überlege: ‚Was ist richtig für dich, was ist gut für dich, damit du nicht stirbst. Ich möchte so gern weiter mit dir in Kontakt bleiben. Ich habe dich auch inzwischen sehr gern, und ich möchte einfach nicht, dass du stirbst. Für mich ist die Welt dadurch schöner geworden, dass ich dich kennen gelernt habe und ich fände es ganz furchtbar, wenn du mir während unserer Beratung wegstirbst. Das möchte ich nicht!" Die tiefe und aufrichtige Sorge der Beraterin hat Gaby sichtbar erreicht.

1.9.2   Der weitere Entwicklungsprozess

Gaby bestand ihr Abitur mit Bestnoten und begann ein Studium. Sie richtete sich in einer kleinen Einzimmerwohnung nahe ihrer Universität ein.

Die Eltern waren nicht damit einverstanden, dass sie sich den Arbeitsraum in der Küche eingerichtet hatte und nicht im Zimmer, und nörgelten an Gaby herum. Ich ermutigte sie, sich gegen die Eltern abzugrenzen und sich ihre Wohnung so einzurichten, wie sie es wollte. Das war ein großer Akt der Befreiung.

1.9.3 Sinne-voll werden und Freude finden

In einer der weiteren Beratungsstunden fragte ich sie danach, was ihr Freude machte. Sie erzählte von ihren Kontrollzwängen, die ihr kaum Zeit ließen, etwas Schönes zu genießen. So schlug ich vor, dass wir uns uns wenigstens in der Beratung eine schöne Stunde machen wollten. Ich erzählte ihr, was ich Schönes am Tage mache, etwa mit meinen Kindern, dem Meerschweinchen, dem Kaninchen zu spielen. Ich brachte Kaninchen und Meerschweinchen in den Beratungsraum und ließ Gaby mit den Tieren spielen. Sie erzählte von dem Hund, an dem sie so viel Freude hatte, und bedauerte, dass er bei ihren Eltern war und nicht bei ihr in ihrer kleinen Wohnung.

Kaninchen und Meerschweinchen haben sie sehr berührt und sie wollte auch ein solches Tier in ihrer Wohnung haben. Sie entschied sich für ein Meerschweinchen und kaufte sich eines. Dann hatte sie fürchterliche Angst, mit dem Meerschweinchen etwas falsch zu machen, weil sie wieder alles hundertprozentig richtig machen wollte / musste: Ist die Zimmertemperatur richtig, die Streu im Käfig nicht zu grob, ist eine ganze Mohrrübe zu viel …

Das Meerschweinchen lud Gaby tagtäglich zu sinnlich-fürsorglichen Tätigkeiten ein. Es musste gefüttert werden; der Stall musste sauber gemacht werden; es wollte Zuwendung, wenn sie von der Universität kam, wollte auf den Arm genommen werden, kratzte mit seinen Krallen, schnupperte kontaktsuchend oder fauchte, wenn ihm etwas nicht passte. Dies alles war für Gaby heilsam.

Über das Thema Essen sprachen wir kaum, schon gar nicht darüber, dass sie mehr essen solle oder dass sie dieses oder jenes essen solle. Vielmehr ging es uns um Fragen, wie sie Lebensfreude findet oder Lust auf etwas bekommt, was sie von sich aus gerne macht. Ich versuchte, diese Räume für sie zu erweitern. Also malten, schauten, horchten, fühlten wir viel, auch bei ihrer Kleidung, was sie schön daran fand, wie es sich anfühlte, wie sie sich darin bewegen konnte. Sie kam immer öfter mit neuen Ideen und Möglichkeiten. So sprach sie auch darüber, dass sie gern spazieren gehen würde, dass aber ihre Füße sehr schmerzten, weil sie durch die Magersucht nicht genügend durchblutet wurden, ebenso wie ihre Hände. So konnte ich dann auch mal sagen, dass es doch ganz sinnvoll sei, dem Körper Nahrung zu geben, damit der etwas besser funktioniert. Dabei ging es auch darum, was ihr schmeckte und was sich im Mund gut anfühlte.

In diesem Zusammenhang erzählte sie, dass sie so viel Angst davor habe, ein dickes Gesicht zu haben. Ich fragte sie, ob sie Lust hätte, dieses dicke Gesicht, vor dem sie Angst hatte, zu malen. Und auch das Gesicht zu malen, das sie an sich liebte, sich überhaupt als ganze Person zu malen. Bei diesen Bildern fiel ihr auf, dass sie sich gar nicht als Frau wahrnahm, sondern als ein Neutrum. Wir machten ab, dass sie sich einmal im Monat malte, um zu sehen, wie sich die Bilder von ihr veränderten. Die Bilder wurden immer weiblicher und Gaby nahm zu.

Aber die Möglichkeit, wie ihre Mutter ein dickes Gesicht zu bekommen, machte ihr solche Angst, dass sie zwischendurch Rückfälle bekam.

Am Ende der Beratung wog Gaby 55 kg, war immer noch sehr schlank bei 1,78 m, aber sie fühlte sich wohl als Frau.

1.9.4   Den Körper spüren – Kontakt zum Naturfundament

Zunächst ging es vor allem darum, ihre Körperwahrnehmung anzuregen. Gaby hatte immer kalte Finger, knallrote oder blaue regelrecht. Dann bat ich sie, ihre Gelenke fest zu umfassen, um zu spüren, wo sie mit ihren Fingern den Knochen fühlt, wo sie Gewebe wahrnimmt oder kein Gewebe, wie sich die Haut anfühlt, wie sich das Pulsieren anfühlt, wo sie Wärme fühlt und wo sie Kälte spürt. Wir brachten sehr viel Zeit damit zu, sich zu spüren und die Körpergrenze zu erweitern, ohne dass Gaby sich bedroht fühlte. Wenn alles so strömte, hatte sie auch einen guten Zugang zu ihren Ängsten und konnte spüren, dass die Angst kleiner wird, wenn man sie zulässt sowie über sie spricht, und dass sie größer wird, wenn man sie vermeidet. Dadurch wurde ihr deutlich, wie sie diese automatische Maschinerie von Ängsten und Zwängen durchbrechen konnte.

1.9.5   Zwanghaftes Verhalten: „Schallplatte mit Sprung"

Für den weiteren Umgang mit ihren zwanghaften Impulsen zeigte ich Gaby Fotos vom Gehirn und erklärte ihr, wie sich solche Bahnungen im Gehirn festzurren: „Ein zwanghaftes Kontrollieren ist wie eine gesprungene Schallplatte, du musst jetzt mal deine Nadel in eine andere Rille setzen." Dieses Bild verwendeten wir immer, wenn ihr zwanghafte Impulse einschossen. Wir setzten die Nadel immer in die andere Rille und malten dazu Bilder, die in Resonanz und in Kontakt miteinander entstanden.

1.9.6   Wahrnehmen, Wählen und Kontakt zu anderen Menschen

Darüberhinaus ging es um die Erweiterung und Wahrnehmungsfähigkeit ihrer Sinne und darum, dass sie die Signalwirkung ihrer Gefühle ernst nahm. Ich regte sie dazu an, in sich hineinzuhorchen: Was willst du wählen? Wer bist du? Was empfindest du? Was denkst du? Wie würdest du gern handeln? Welche Wahlmöglichkeiten gibt es für dich? Und nicht: Was sollst du? Unendlich wichtig war für sie, zu lernen, immer wieder die Orientierung in sich selbst suchen. Dabei machte ich ihr deutlich, wie sie ihre Sinne benutzen konnte, um sich, ihre Zeit, ihren Raum um sich herum zu gestalten.

Gaby wollte sich oft an mir orientieren: „Sag erst mal du und dann erzähle ich dir meines." Sie hatte zu Hause wenig Orientierung und Erfahrungswelten mitbekommen. Gaby wollte so leben wie andere Menschen. Ich ermutigte sie, zu Menschen hinzugehen, zu Freundinnen und Freunden, um zu sehen: Was machen die, wie gehen die mit den Fragen um, die du ans Leben hast?

Gabys Bedürfnis nach Kontakt war groß. Auf echtem persönlichen Kontakt beruhte auch meine Beratung. Darüber konnte Gaby Resonanz und Kontakt zu sich selbst entwickeln.

1.9.7 Frauenschicksale über Generationen hinweg

Auf ihrer Suche nach Identität beschäftigte Gaby sich zunehmend mit den Frauen in ihrer Familie. Sie malte sie und sprach darüber. Die Biografien der Frauen in ihrer Familie waren von Traumen geprägt. Von den Belastungen durch den Krieg überfordert, völlig auf sich allein gestellt, interessierte sich niemand für ihren Schmerz und ihren Kummer. Alle hatten sie diesen starken Leistungs- und Konformitätsdruck, ganz besonders ihre Mutter, aber keine Gelegenheit, Anteilnahme an ihrer Not zu finden. Gaby äußerte das Gefühl, sie müsse – wie Jesus – das Leid aller Frauen in ihrer Familie tragen, und sie wollte nicht in diesem Sinne Frau sein, dass sie das alles auf sich nehmen müsse.

Gaby lernte, sich abzugrenzen und das Leid bei den Frauen zu lassen, die es erlebt hatten. Dies fiel ihr zunächst schwer, weil sie deren Leid jahrelang vegetativ empfunden hatte. Ihr Bemühen, alles „richtig" zu machen, war auch davon geprägt. Gaby wollte nichts mehr dazu beitragen, was gefährdende Reaktionen auslösen konnte.

Traumatisch in dieser Familie war die Verlassenheit der Frauen von den Männern durch Kriege und durch das Männlichkeitsverständnis. Die im Krieg verwitwete Großmutter suchte bei ihrer Tochter Partnerersatz und Stütze, anstatt die Tochter, Gabys Mutter, zu stützen, so dass diese kein stabiles Selbst entwickeln konnte. Gabys Vater blieb der Familie aus beruflichen Gründen häufig fern. Mann, Partner und Vater in einem zu sein hat ihn überfordert. Die Mutter und Gaby rivalisierten um den Platz der Tochter bzw. den der Frau beim Vater und um den Stellenwert gegenüber Gabys Zwillingsbruder.

1.9.8 Als eigenständige Person gehört und wichtig genommen werden

Es war wichtig für Gaby, dass ich als ihr Gegenüber einfach präsent war und die Themen, die sie ansprach, aufgegriff, ihr aber trotzdem immer die Wahl ließ, ob und wie sie sie bearbeiten wollte. Dass ich ihr zuhörte und sie natürlich auch immer wieder zum Arzt schickte und in Kontakt zu ihr ging, indem ich sagte: „Es wäre ganz furchtbar, wenn du stirbst."

Die Erfahrungen mit dem Zwillingsbruder waren belastend für Gabys Entwicklung zur Frau, weil die Zwillinge immer in dieselbe Klasse gingen. Gaby hatte keinen Platz, wo sie als eigenständige Person wahrgenommen wurde. Einen eigenen Platz erhielt sie zunächst nur in der Beratung. In der Beziehung zu ihrem Freund erfuhr sie später, anders als die Frauen in ihrer Familie, als Frau nicht „zweite Wahl" zu sein, und fand darin einen für sie sehr heilsamen Platz.

Jugendliche begleiten –
Was unterstützt und fördern kann

2.1 „Das Brot der frühen Jahre"

Die Pubertät beginnt nicht in der Pubertät. Bis dahin haben zahlreiche Begegnungen und Erfahrungen ihre Spuren hinterlassen, sind bereits vielfältige Weichen gestellt, die sich auch auf weitreichende Entscheidungen im Erwachsenenalter auswirken und lebensbegleitend darüber hinaus. Die Überschrift „Das Brot der frühen Jahre" ist Heinrich Bölls gleichnamiger Erzählung entliehen, in der er die Lebens- und Liebesentscheidungen eines jungen Mannes einfühlsam und in berührenden Worten mit dessen frühen Kindheitserfahrungen in Beziehung setzt.

Von klein auf und mit wachsendem Radius ist eine geschützte sowie sinnliche, anregungs- und erlebensreiche Gestaltung des tagtäglichen Lebensumfeldes von Kindern anzustreben, sind Raum, Zeit, altersgemäße Angebote zur Verfügung zu stellen. Ansprechpartnerinnen und Ansprechpartner sind gefragt, die auf die kindlichen Initiativen und Fragen antworten. Unverzichtbar gehören Kontakte und Begegnungen mit Menschen verschiedenen Alters (darunter zahlreiche Gleichaltrige) dazu, vielseitige Begegnungen mit Natur, mit Musik, Kunstwerken, Ideen sowie – begleitet und gehalten – eine altersgemäß zunehmend selbständige Nutzung unserer zivilisatorischen Errungenschaften.

Auf diese Weise – gestützt auf vielfältige Wahrnehmungen und Erfahrungen, auf körpernah gespürte Bewertungen, auf das eigene Urteilsvermögen sowie auf Gespräche mit unterstützenden Erwachsenen, die zum tieferen Verständnis und zur erweiterten Einordnung des Erlebten verhelfen – entwickeln sich reale Beziehungen, spürbare Beziehungen zur eigenen Person, zu anderen und zu den sich vielfältig wandelnden Lebensverhältnissen. Gute Chancen hat dann auch der Aufbau eines reichhaltigen lebensbejahenden emotionalen Erlebens. Mit alledem verbinden sich seelischer Halt, persönliche Kraftquellen, auf die die Person in Schwierigkeiten zurückgreifen kann, sowie eine verlässliche innere und äußere Orientierungsbasis, mit der die Person ihren Werde-Weg für sich stimmig, ihrem Wesen und ihren Potentialen gemäß ausrichten und verwirklichen kann.

Carl Rogers spricht in diesem Zusammenhang von einem „inneren Kompass". Diesem misst er bei der Entwicklung einer Persönlichkeit große Bedeutung bei. Mit zunehmender Fülle an Wahrnehmungen, Erfahrungen und Einordnungen wird dieses körperlich spürbare Leitsystem einer Person verfeinert, genauer auf sie abgestimmt und ihr bei ihren Wahlmöglichkeiten und Entscheidungen immer gegenwärtiger, so dass sie, einem inneren Wissen gemäß, zu der Person werden kann, die sie in Wirklichkeit ist (Kierkegaard).

2.2 Das „Fremde" und die fünf Stadien der bewussten Veränderung – Zur Wandlungs-Unterstützung nach Virginia Satir

2.2.1 Das „Fremde"

Die Begründerin und Wegbereiterin der entwicklungsorientierten Familientherapie, Virginia Satir (1916–1988) betont in ihrem letzten Vortrag in Deutschland (Videoband 1988) ein schwerwiegendes Hindernis und zugleich unumgehbares Durchgangstor auf dem Weg, sich persönlich und in Gemeinschaft entsprechend der eigenen Gaben, Potentiale und Ressourcen zu entwickeln. Sie meint damit die Art und Weise, wie Menschen mit Ungewohntem und Fremdem umgehen.

In Verbindung mit wirklichen Wandlungen ist – so Satir – immer auch Neuland zu durchschreiten. Es ist dabei erforderlich, sich Fremdem zu stellen, darin Erfahrungen zu sammeln und, damit verbunden, eine neue, höher entwickelte Ebene für das eigene Denken, Fühlen, Handeln und Bewerten zu erreichen.

Vertrautes kann eine derart bindende Kraft ausüben, dass so mancher Partner, so manche Partnerin, so manches Familienmitglied lieber in sehr belastenden Verhältnissen verharrt, anstatt das „Fremde" zu wagen und maßgebliche Veränderungen einzuleiten. Auf den Punkt gebracht: Lieber „die Hölle des Vertrauten" als die „Höllenangst vor dem Fremden".

Wichtige Wandlungen im Leben können nicht stattfinden, ohne Fremdes und Neues zu erfahren und zu durchschreiten. In der Zeit der Pubertät und der Adoleszenz bringt jeder Tag Neues und Fremdes – wie wir in Kapitel 1 dieses Buches gesehen haben. Aber auch Erwachsene und gerade in sozialen Berufen tätige Personen sind davon betroffen. In einer auf drei Videobändern gezeigten Familienrekonstruktion eines „gestandenen Psychologen" (Satir 1986) wird deutlich, dass die wirksame Umsetzung der beruflichen Kompetenz stagnieren kann, wenn die persönliche Kompetenz nicht gestärkt wird und nicht als kraftvolle Handlungsbasis zur Verfügung steht.

Wer eine Person darin begleiten und unterstützen möchte, das angstbesetzte „Fremde" einer Wandlung zu durchschreiten, hat nach Virginia Satir ein fünfstufiges Wandlungsmodell zu beachten.

2.2.2 Fünf Stadien der bewussten Veränderung

Stadium 1: „Status quo": Wir haben uns auf eine bestimmte Art eingependelt, mit uns selbst, mit anderen und mit der Welt umzugehen. Es handelt sich oftmals um ein Arrangement mit unterdrückenden oder bedrohlichen Kräften in unserem Lebensraum, damit wir uns relativ sicher und unbelastet fühlen oder „Vorteile" erwarten können. Bei unseren Jugendlichen entspricht dies z.B. der Endphase der Kindheit, dem „kompetenten Kind", das sich mit seinen Eltern, seinem Körper, seinen Freuden und gewissen Nöten, seinen Aufgaben, seinen Rechten und Pflichten als Kind gut auskennt und sich (hoffentlich) bejahen und genießen kann.

Stadium 2: „Fremdes": Es dringen Wahrnehmungen und Erfahrungen in unser Erleben ein, die nicht zu dem bisherigen balancierten Gefüge passen. Da spüren wir vielleicht nach langjährigem „Liebsein" zerstörerische Impulse oder Lust und Leidenschaft, die uns „umwerfen" könnten. Das „Fremde" ist kurz spürbar. Einen Moment nehmen wir eine Irritation, eine ambivalent anziehende und zugleich erschreckende alternative Erlebens- und Handlungsmöglichkeit zum bisher Gewohnten wahr. Wie wir mit solchen Momenten umgehen, ist weichenstellend für die nächsten Entwicklungsschritte: Lassen wir die aufkommende Verunsicherung zu und setzen wir uns damit auseinander – was mit großen Ängsten verbunden sein kann – oder „schnellen" wir zurück auf den sicheren Boden des „Status quo"? Wenn wir uns wagen, tritt das dritte Stadium der bewussten Veränderung ein. Im anderen Falle halten wir am Vorherigen, am „Status quo", fest. Allerdings ist dann alles keineswegs mehr so, wie es vorher einmal war.

Bei Jugendlichen brechen gewaltige sexuelle Impulse und Gefühle in ihre bisherige kindliche Balance herein. Überhaupt gerät die gewohnte körperliche Balance aus den Fugen – eine Hoch-Zeit des Fremden. Ein schreckhaftes Zurückfedern zu kindlich-artigen Zügen (zumindest nach außen) lindert vorübergehend Bedrohliches und mag vor allem die Eltern beruhigen. Aber die Entwicklung ist nur unterbrochen und mag später weitergeführt werden, vielleicht auch erst im reifen Erwachsenenalter mit psychotherapeutischer Unterstützung.

Eltern von Jugendlichen sind in dieser Zeit ebenfalls Fremdem ausgesetzt. Ihre Kinder sind ihnen in ihren Veränderungen zumindest teilweise fremd geworden. Auch in ihrem eigenen Lebensgefüge klingen Seiten an, die sie vielleicht noch gar nicht kannten, bislang nicht wahrgenommen, zurückgedrängt oder einfach vergessen haben. Bei den älteren unter ihnen treten eigene hormonelle und körperliche Veränderungen ein, in Verbindung mit den sogenannten Wechseljahren, die den dritten Lebensabschnitt einleiten. Da haben die Eltern ebenfalls die Wahl, sich dagegen zu wehren, zumeist in gereizter Art und Weise, oder sich dem Wandel und dem Prozess des Lebens anzuvertrauen und sich weiterzuentwickeln.

Stadium 3: „Hochgradiges Chaos": Wenn wir Neues, Fremdes, Angstbesetztes zulassen, können wir arg durcheinandergeraten. Wir geraten in ein Gemisch von sehr misslichen und bedrohlichen Gefühlen. Viele unserer bisherigen Gewissheiten stimmen nicht mehr. Wir sind äußerst verletzlich. So ein einzelner Chaosschub kann wenige Sekunden dauern, etliche Minuten, bis hin zu Stunden. Auch in dieser Zeit werden Weichen gestellt. Finden wir keinen geschützten Rahmen vor und keine Personen, die uns in unserer verlorengegangenen Orientierung zur Seite stehen oder gar hilfreiche Anleitung geben, schrecken wir zurück zu dem verlorengegangenen „Status quo" und festigen diesen noch. Wir sind gefährdet, starr an unserem bisherigen Arrangement mit uns und der Welt festzuhalten.

Aber wie finden wir in einer Chaosphase unterstützende und haltgebende Signale? In einer Gruppe können wir ein ermutigendes, gelten- und zulassendes Klima aufbauen. Dabei kommt es besonders darauf an, wie wir damit umgehen, wenn jemand andres in eine Chaosphase rutscht; zumeist ist er dann nicht sehr „attraktiv", wirkt „schwächlich-unausgegoren" und manchmal „erbärmlich". Da kann es leicht zu abwertenden Blicken und verachtenden Bemerkungen von Gruppenmitgliedern kommen und schon schnellt die Person aus dem „Chaos" hin zu ihrer gewohnten „Souveränität" und „Stärke" zurück oder übertreibt diese noch. Also: Willst du in deiner Chaosphase „getragen" werden, versuche andere in ihrem Chaos zu begleiten, hin zur vierten Phase, einer neuen Erfahrungsebene. Übrigens, die Verachtung der anderen in der Chaosphase ist ja letztlich Selbstschutz vor eigenem Chaos, das sich „lästig" meldet und mit Verachtung wieder beseitigt werden soll, auch um eigene Schamgefühle zu verbergen.

Für Jugendliche können in dieser Phase so ziemlich alle Erscheinungsweisen und Bewältigungsreaktionen auftreten, die in Kaputel 1 ausführlich behandelt wurden.

Eltern geraten in dieser Zeit ebenfalls in allerhand Chaosschübe, bei all dem Fremden, das sie bei ihren Jugendlichen und in den geheimen Ecken ihrer eigenen Seele entdecken dürften. Andere Erwachsene, die mit Jugendlichen zu tun haben, sind übrigens auch nicht frei davon, selbst professionelle Helferinnen und Helfer. Abwehren oder wachsen ist auch hier die Devise. Bedienen wir uns also äußerst selten der in Kapitel 1 beschriebenen, auf Dauer alle Beteiligten schädigenden Druck- und Belastungsreaktionen. Durchschreiten wir stattdessen standhaft den Wandel mit der haltgebenden Perspektive: „Ich werde, also bin ich." Dazu finden sich in den anschließenden Kapiteln dieses Buches weitere nützliche Anregungen.

Stadium 4: Eine neue Errungenschaft: Nun gilt es, zu sich und den aus dem Chaos erwachsenden neuen Wahlmöglichkeiten zu stehen, diese gegebenenfalls zu verteidigen, wenn andere uns weiterhin so haben wollen wie bisher. Sich ausprobieren mit den hinzu gefundenen Wahlmöglichkeiten, neue Erfahrungen sammeln, sich unterstützen lassen, das neu Erreichte festigen: Für das neu Erworbene gilt: Ausüben, ausüben, ausüben, mit vielen Personen, vertrauten Menschen, darüber sprechen, die gemachten Erfahrungen verinnerlichen und integrieren. Dann wieder ausüben, ausüben, ausüben und wiederum besinnen, integrieren und sich die Erfahrungen zu eigen machen, sie automatisieren und quasi „verstoffwechseln".

Für Jugendliche sind hier verständnisvolle Familienmitglieder, freundschaftlich verbundene Erwachsene sowie größere Brüder bzw. Schwestern von hohem Wert. Natürlich sind auch entsprechende Lehrerinnen und Lehrer, Jugendgruppenleiterinnen und -leiter sowie (sozial-)pädagogische und psychologische Hilfseinrichtungen gefragt. Sie alle können dazu beitragen, dass Jugendliche das für sie wohl wichtigste in dieser Zeit finden; eine Gemeinschaft von etwa Gleichaltrigen, in der sie sich zugehörig und aufgehoben fühlen und ihre jeweiligen Erfahrungen in gegenseitigem Respekt austauschen können.

Stadium 5: Ein neuer „Status quo": Die Errungenschaften der neuen Erfahrungsebene werden gefestigt – achtsames Ausüben und Üben mit Unterstützung von Freunden und Bekannten kann hier sehr wertvoll sein. So bildet sich eine neue Balance, die eine ganze Weile halten kann, bis neue „fremde Elemente" die fünf Stadien der bewussten Veränderung wieder ins Rollen bringen. Alles beginnt von vorn. Aber Halt! Nicht ganz!

Das „Perpetuum Mobile" der bewussten Veränderung – Die Wandlung von Angst in Erregung und Freude: Nach der Festigung des neuen „Status Quo" und einer „verdienten" Ruhezeit wird uns ein neues „fremdes Element" ins „Chaos" stürzen. Doch das neue Chaos ist – erfahrungsgemäß – nicht ganz so schlimm wie das erste. Das erste Chaos kann von gewaltigen Ängsten begleitet sein. Hier mischen sich alte Erfahrungen von Gedeih und Verderb ein, auf Leben und Tod. Beim nächsten Chaos wird`s schon besser, weil wir beim ersten Chaos ja überlebt haben und Befreiung spürten. Dies mischt sich als Zuversicht ins nächste Chaos bis die Entwicklung sogar solche Formen annehmen kann: „Wo ist mein nächstes Chaos? Ich will Spannung und Abenteuer!"

Für Jugendliche lassen die Ausschläge und die Dynamik dieses „Perpetuum Mobile" mit dem Eintritt ins Erwachsenenalter dann „zum Glück" (für Eltern und begleitende Personen) erst mal nach. Das Mobile darf aber nicht stehen bleiben. Persönlichkeitsentwicklung und die Herausbildung eines mitmenschlichen Umgangs in unserer Erwachsenenwelt erfordern es, dass wir uns weiter wagen in uns zunächst fremde Seiten unserer Entwicklungspotentiale. Wir würden sie sonst ausgrenzen oder gar beschädigen, wenn wir eine zuvor erreichte Ebene mit starren Definitionen unserer selbst und entsprechenden Bewertungen anderer Personen abzusichern suchten.

2.3 Aus sich heraus tätig werden und in dieser Tätigkeit aufgehen – Flow erleben

Im Jugendalter können Fähigkeiten entwickelt und verfeinert werden, die im späteren Erwachsenenleben eine wertvolle Grundlage für die Berufswahl und das berufliche Weiterkommen darstellen oder auch zu einer sinnerfüllten Lebensgestaltung herangezogen werden können.

Die wohl wirksamste motivationale Basis solchen intensiven Lernens, Übens und der Herausbildung meisterlichen Könnens hat der ungarisch-amerikanische Soziologe Mihaly Csikszentmihalyi untersucht und in seinem Buch „Das Flow-Erlebnis. Jenseits von Angst und Langeweile: im Tun aufgehen" (1991) beschrieben. Er geht der Frage nach, warum Menschen aus rein innerem Antrieb (intrinsisch) motiviert sind, Schach zu spielen, Berge zu erklimmen oder Musik zu komponieren, auch wenn es keinerlei extrinsische (von außen kommende) Anreize – wie Geld, Belohnungen, Ruhm usw. – für diese Tätigkeiten gibt. Warum investieren Menschen Zeit, Geld und große Anstrengungen in derartige Unternehmungen und erfahren dabei auch noch Spaß, Freude und Befriedigung?

> „Das einfache Ziel dieser Studie ist, Freude zu verstehen – hier und jetzt –, nicht als Kompensation für vergangene Wünsche, nicht als Vorbereitung für zukünftige Bedürfnisbefriedigungen, sondern als laufenden Prozess, welcher in der Gegenwart eine lohnende Erfahrung darstellt" (Csikszentmihalyi 1991, 29).

Im Mittelpunkt des Interesses stand die intrinsische Belohnung, die offenbar wirksamer motivierend ist, als deren extrinsischer Gegenpart. Worin besteht beispielsweise für ein Kind die intrinsische Belohnung, wenn es aus eigenem Antrieb heraus puzzelt, mit Legosteinen spielt oder ein Bild malt (während es sich nur schwer motivieren lässt, sein Zimmer aufzuräumen oder Hausaufgaben zu machen). Was motiviert so viele Menschen in ihrer Freizeit Fußball, Tennis oder Basketball zu spielen und sich dabei zu verausgaben, obwohl sie dafür keine (oder nur wenige) extrinsische Belohnungen bekommen? Offenbar gibt es eine stark motivierende Kraft, die Menschen zu solchen „autotelischen" Handlungen veranlasst.

„Eine Aktivität wurde als autotelisch betrachtet (von griechisch: auto = selbst und telos = Ziel, Absicht), wenn sie vom Ausübenden zwar eine formelle und beträchtliche Energieaufwendung verlangte, ihm aber wenig oder gar keine konventionelle Belohnung brachte" (Csikszentmihalyi 1991, 29 f.).

In zahlreichen Untersuchungen bei Personen, deren Aktivitäten als autotelisch eingestuft wurden (z. B. Schachspielen, Bergsteigen, Tanzen) ergaben sich Übereinstimmungen in Bezug auf die intrinsische Belohnung als ein freudiges Gefühl, welches Csikszentmihalyi als Flow-Erlebnis bezeichnet. Menschen, die sich im Flow-Zustand befinden, „konzentrieren ihre Aufmerksamkeit auf ein eingegrenztes Gebiet, vergessen persönliche Probleme, verlieren den Sinn für die Zeit und für sich selbst, fühlen sich kompetent, beherrschen die Situation und empfinden Harmonie und Einheit mit ihrer Umwelt" (Csikszentmihalyi 1991, 206).

„Wichtigste Voraussetzung, um Flow erleben zu können, ist das subjektive Empfinden, dass die **Fähigkeiten den Anforderungen der jeweiligen Situation gewachsen** sind. D. h. Fähigkeiten werden optimal herausgefordert; weder zu hoch, um Angst zu erzeugen, noch zu niedrig, um Langeweile zu produzieren. Die Fähigkeiten steigen mit jedem Flow-Erlebnis, so dass proportional zu einem Fähigkeitserwerb auch die Anforderungen steigen müssen, damit ein Handelnder weiter Flow an der gleichen Tätigkeit erleben kann und sein Tun nicht in Langeweile ausartet." (Plöhn 1998, 6, Hervorhebung im Original)

Diese spezielle Eigenschaft des Flow-Erlebens, die Ausgewogenheit der eigenen Fähigkeiten mit den gestellten Anforderungen, lassen sich in einem Koordinatensystem darstellen (s. Abb. 2.1).

„Schätzt eine Person die Handlungsanforderungen als so schwierig ein, dass sie ihre Fähigkeiten übersteigen, wird die resultierende Spannung als Angst erlebt; liegt das Fähigkeitsniveau höher, aber immer noch nicht auf der Höhe der Anforderungen, wird die Situation mit Sorge beobachtet. Flow stellt sich dann ein, wenn die Handlungsanforderungen bzw. -möglichkeiten der Situation mit den Fähigkeiten der Person im Gleichgewicht stehen; das Erlebnis ist dann ein autotelisches. Übersteigen die Fähigkeiten andererseits die Handlungsmöglichkeiten, so ist Langeweile die Folge; auch dieser Zustand kann bei allzu großer Diskrepanz wieder in Angst übergehen." (Csikszentmihalyi 1991, 75)

Wenn man das Modell von den einzelnen Tätigkeiten auf den „Prozess des Lebens" (Geburt, Kindheit, Jugend usw.) überträgt, ergeben sich im Hin-

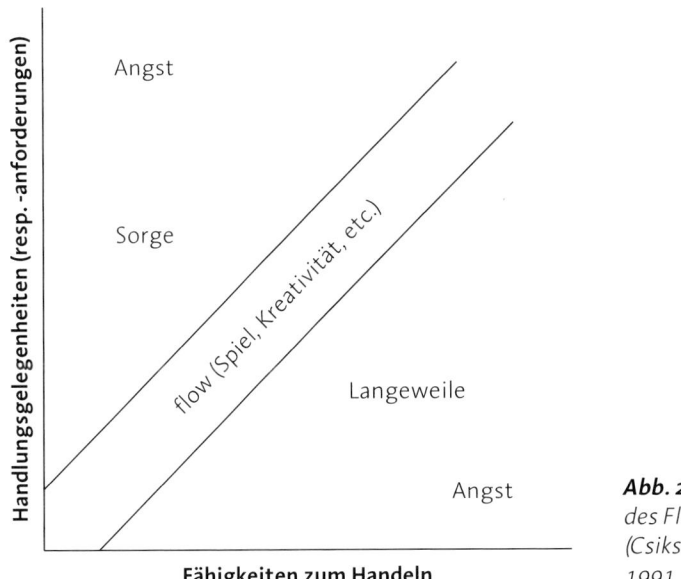

Abb. 2.1: *Modell des Flow-Zustandes (Csikszentmihalyi 1991, 75).*

blick auf das Modell von Csikszentmihalyi vier Varianten bezüglich des Zusammenspiels zwischen Vermittlung und Aneignung.

Tab. 2.1: *Zusammenspiel zwischen Vermittlung und Aneignung anhand des Flow-Modells*

Verhältnis der Parameter	Resultat
1. Gestellte Anforderungen und eigene Fähigkeiten steigen im Gleichklang.	Flow-Erleben, „gut drauf" sein, glücklich sein
2. Gestellte Anforderungen steigen schneller als eigene Fähigkeiten.	Sorge, Angst, Stress
3. Gestellte Anforderungen steigen langsamer als eigene Fähigkeiten.	Langeweile, Unzufriedenheit, Angst
4. Gleichklang zwischen gestellten Anforderungen und eigenen Fähigkeiten wird per Hilfsmittel (Alkohol, Drogen usw.) simuliert.	Simuliertes Flow-Erleben, Sucht, Subkultur

Der ausbalancierte Entwicklungsprozess kann in zweierlei Hinsicht gestört werden: Wenn die eigenen Fähigkeiten nicht weiter entwickelt werden, während die Anforderungen des Lebens (z. B. Schule oder berufliche Entwicklung) weiterhin steigen, besteht die Gefahr, dass Sorgen, Angst oder Stress entstehen. Im anderen Fall, bei einem Mangel an selbst- oder fremdgestellten Anregungen bzw. (Heraus-)Forderungen, kann es hingegen zu Langeweile und daraus resultierender Angst kommen.

In beiden Fällen, die jenseits des Flow-Erlebens liegen, wird von einigen Jugendlichen auf Hilfsmittel zurückgegriffen, um das Flow-Erleben auf bestimmte Weise zu simulieren. Diese Hilfsmittel vermitteln je nach Art ein zeitlich begrenztes Ersatz-Glücksgefühl, ohne dass der Prozess der balancierten Weiterentwicklung erreicht wird. Angst, Stress, Sorgen oder Langeweile werden auf diese Weise für eine gewisse Zeit verdrängt, sind aber weiterhin – mehr oder weniger – latent vorhanden. Mögliche Hilfsmittel sind Alkohol- oder Drogenkonsum, im Internet surfen, fernsehen, Geld ausgeben usw. Bei den von Schule, Berufsausbildung und dem Hineinwachsen in die Erwachsenenwelt gestellten Anforderungen kann dies längerfristig zu Ausfällen, Verweigerungen und Abbrüchen führen. Hier ist bei der Begleitung und Beratung von Jugendlichen anzusetzen. Es sind ihnen Erfahrungsmöglichkeiten anzubieten und zu vermitteln, die ihnen wieder einen Entwicklungsprozess von Fähigkeiten im ausbalancierten Anforderungsgefüge ermöglichen, damit sie ihren Werdeweg in Form von selbst gewählten Anforderungen und einer darauf bezogenen Ausgestaltung ihrer Fähigkeiten wieder zunehmend eigenverantwortlich steuern können.

Im Gefolge von Flow-Erfahrungen kann eine Person in einem Tätigkeitsfeld hochgradig kompetent werden und Spitzenleistungen erbringen. Jedoch besteht auch die Gefahr, dass eine Person geradezu Flow-süchtig werden kann, innerlich so erfüllt von einer Tätigkeit und den Spitzenleistungen darin, dass die Person nur noch diese ausführen möchte. Als Beispiel dafür berichtet Csikszentmihalyi von einem Chirurgen, der den Urlaub mit seiner Familie am Strand zu überstehen suchte, indem er in seiner Vorstellung komplizierten Operationen nachging, während die anderen Familienmitglieder fröhlich im Sand spielten oder sich im Wasser vergnügten.

So können denn auch einseitige und äußerst ausdauernde Beschäftigungen von Jugendlichen von innen heraus gesteuerte und motivierte Kompetenzentwicklungen in sich bergen. Dies will in Begleitung und Beratung von Jugendlichen abgeklärt und gegebenenfalls unterstützt werden. Ein Beispiel hierfür wäre der „katastrophale" Schulabbruch von Franz Schubert, um seiner Musikleidenschaft nachzugehen (Prause 1996).

Häufiger und damit für zahlreiche Jugendliche aktueller sind zahlreiche Flow-Ereignisse „im Kleinen". Sie sind von erheblichem Wert für seelische Stabilität und die alltägliche Leistungsfähigkeit. Hier geht es um

„Päuschen", die zum sich Wohlfühlen genutzt werden. Gemeint sind ein kurzer Schwatz, sich einen Moment mit einem leckeren Getränk verwöhnen, sich recken, strecken, tief Durchatmen oder ein entspannender Blick aus dem Fenster. Unerschöpflich sind hier die Möglichkeiten.

Csikszentmihalyi ließ in einem seiner Experimente eine Gruppe von Studentinnen und Studenten auf all diese in den Alltag eingestreuten Mini-Flow-Erfahrungen verzichten. Das Experiment musste allerdings frühzeitig abgebrochen werden, da einige der betroffenen Personen Gefahr liefen, psychisch krank zu werden. Hochgradige Verspannung oder Übererregtheit waren die geringsten Beeinträchtigungen.

Für unsere Begleitung und Beratung von Jugendlichen heißt dies, ihnen gerade auch Raum und Ressourcen zu Erholung und Freude zur Verfügung zu stellen. Gibt es doch ein großes Repertoire an rekreativen, wohltuenden sowie Spaß und Freude erzeugenden Übungen, die der von Jugendlichen phantasielos in viel zu frühem Alter gewählten Zigarettenpause äußerst gesundheits- und erholungsförderlich vorbeugen und sie auch zunehmend ersetzen können. Hierzu empfehlen wir das Buch von Rolf Herkert „Die 90-Sekunden-Pause. Erholung, wann immer Sie sie brauchen. Kleine Übungen für ‚Zwischendurch'" (1993).

2.4   Als Person gegenwärtig und in Beziehung sein – Zur personzentrierten Psychologie von Carl R. Rogers

Die entwicklungsförderliche Zone im Flow-Erleben (Abb. 2.1) lässt sich erweitert betrachten, nicht nur im Rahmen einer Tätigkeit, sondern im Erleben der eigenen Person als Ganzes. Akzentuiert ausgedrückt mag dies folgendermaßen klingen:

> „Ich bin mit mir in Einklang, gehe vielfach in dem auf, was ich gerade tue, kann mich über mich freuen und mich genießen, allein oder im Kontakt mit Freundinnen/Freunden. Traurig oder wütend sein gehört für mich dazu und ich verberge das nicht. Andere können ruhig wissen, wie es um mich steht. ..."

Kinder sind sich selbst auf diese Weise in der Regel näher als Erwachsene und erst recht als Jugendliche. In wunderbarer Weise hat Manfred Hausmann (1956) in seinem Buch „Martin" diese Thematik ausgedrückt:

> „Wie der Vater eines Abends im Vorbeigehen einen verstohlenen Blick ins Badezimmer wirft, sieht er, dass Martin auf einem Bein darin herumhüpft, einen Strumpf und das Unterhöschen, das noch an seinem Fuß hängt, hinter sich her schleppend. Viola putzt sich die Zähne und macht sich mit

ihren Augen über ihn lustig. ‚Viola‘, sagt Martin und hüpft mit kleinen Sätzen weiter. ‚Viooo!‘ Viola spuckt ihr Mundwasser aus: ‚Ja?‘

‚Vio, das Leben ist sooo schön!‘

Der Vater muss in sich hineinlachen, ob er will oder nicht. Aber gleichzeitig fühlt er, wie sich tief in seiner Brust eine unsagbare Traurigkeit erhebt. Du unschuldiges Engelchen, denkt er, indem er die Tür vorsichtig zudrückt, wie wird das Leben dir noch mitspielen! Und ich kann dich nicht davor bewahren, ich nicht und keiner. All die Qual und Schuld, die dir bereitet ist in der Welt, ich kann dich nicht davor bewahren, so liebend gern ich es auch möchte. Musst du denn schuldig werden? Gibt es denn gar keine Möglichkeit, dich im Stande der seligen Freude zu erhalten? Nein, es gibt keine. Es … es darf ja auch keine geben, denn der Sinn des Lebens und also auch deines Lebens ist doch wohl, in die Irre zu gehen, der tödlichen Verlassenheit des Menschen innezuwerden, dich zu verlieren, dich zu finden, dich wieder zu verlieren und wieder und wieder, bis du das Ewige, bis du den Ewigen gefunden hast.“

Worin liegt der „Weg in die Irre“, des sich Verlierens, der „tödlichen Verlassenheit“? Und worin sind Chancen für „selige Freude“ gegeben?

Handlungsleitende Antworten auf solche Fragen gibt der US-amerikanische Psychologe, Psychotherapie-Gründer und Reformpädagoge Carl Ranson Rogers. Er hat sich weit über ein halbes Jahrhundert hinweg in verschiedenen Aufgabenfeldern mit diesen Fragen beschäftigt. Er hat wirksame Konzepte erarbeitet und deren Effektivität in zahlreichen empirischen Forschungsarbeiten belegt. Es ging ihm darum herauszufinden, wie Menschen, die sich verloren haben und darunter leiden, ihren nächsten Lebensschritten wieder eine ihnen gemäßere Richtung geben können.

Konsequenterweise konzentrierte er sich in besonderem Maße auf Vorbeugung: Was ist zu tun, damit es gar nicht erst dazu kommen muss, dass Personen so stark von ihrem Weg abweichen, sich so weit von sich entfernen, dass sie seelisch und auch körperlich erkranken und nur einen Schatten ihrer selbst lebendig werden lassen?

Die gefundenen und forschungsmäßig belegten Erkenntnisse sind ebenso einfach wie effektiv anzuwenden, theoretisch wie in Erfahrungen mit ihrer Umsetzung überzeugend.

Im Mittelpunkt seiner Theorie und der von ihm vorgeschlagenen Lebens- und Handlungsschritte steht folgende Annahme über die Entwicklung eines Individuums: Jedes Individuum trägt von seiner Zeugung an ein „Wissen“ in sich, wie es werden möchte, was unterstützend dafür ist und was es schädigen kann. In diesem Wissen bildet sich beim Menschen der Körper mit seinen Lebensfunktionen im Mutterleib aus und dieses Wissen steuert auch die Entwicklung nach der Geburt, potentiell bis hin zum Lebensende.

Ein solches inneres Wissen zeichnet alle Lebewesen aus. Eine Eichel, die im Herbst vom Baum fällt, birgt das gesamte Wissen, um bei unterstützenden Bedingungen von Erde, Wasser, Wärme, Luft und Licht zu werden.

Rogers nennt dieses Wissen um das eigene Werden „Aktualisierungstendenz". Längs seiner persönlichen Aktualisierungstendenz schreit das Baby, wenn es etwas braucht, und gleichsam hat jede Person bis an ihr Lebensende einen spürbaren Zugang dazu. Dieser kann jedoch überdeckt werden, wenn ein Kind bzw. eine Person in ein Gefüge von machtvoll vorgetragenen Außenforderungen und entsprechenden Bewertungen gerät, die seinem persönlichen Werden nicht entsprechen und die wenig Rücksicht auf seine Art zu sein und zu werden nehmen. Dann richtet sich eine Person in starkem Maße nach dem äußeren „So-musst-du-sein-Druck" aus und stellt ihre eigene Aktualisierungstendenz zurück. Die weitere Orientierung wird dann nach Außen verlagert, um den über die Person bestimmenden Forderungen zu genügen. Akzentuiert formuliert gilt nunmehr die Frage: „Was darf ich hier wollen / sollen?" Es kann auch eine Gegen-Verweigerung einsetzen: „Alles, was ich hier soll, mache ich erst recht nicht!" In beiden Fällen hat die Person ihre Aktualisierungstendenz vorübergehend verloren. In Anlehnung an Abbildung 2.1 veranschaulicht Abbildung 2.2 den Fluss (Flow) des Lebens in der Aktualisierungstendenz (Mittelzone) und die eine Person belastenden Abweichungen von ihr.

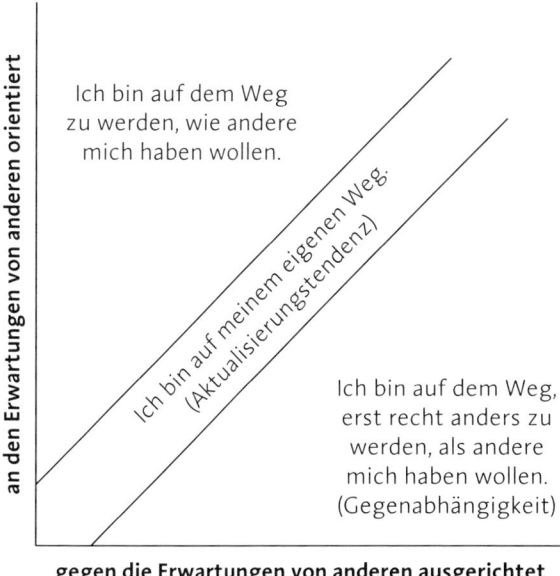

Abb. 2.2:
Persönlichkeitsentwicklung – Aktualisierungstendenz als Orientierungsbasis

Die Antwort auf die reduzierte oder verloren gegangene Eigensteuerung hat Carl Rogers in der Entwicklung seiner klientenzentrierten Psychotherapie gegeben. Es ging ihm darum, Bedingungen zu schaffen, unter denen eine Person wieder zu sich finden und ihre eigenen Maßstäbe ihrem Wesen gemäß ausrichten kann. Dieses Angebot liegt vor allem in einem freundlich-wohl-wollenden Miteinander, in dem die „verirrte Person" spüren kann: „Hier bin ich Mensch, hier darf ich sein", ganz im Sinne von Goethes „Faust". In seiner Theorie der klientenzentrierten Psychotherapie hat Carl Rogers ein der-artiges heilsames Angebot in sechs Sätzen prägnant dargelegt:

> **„Bedingungen des therapeutischen Prozesses:** Damit sich ein therapeuti-scher Prozess entwickelt, müssen folgende Bedingungen vorhanden sein.
>
> 1. Zwei Personen befinden sich in Kontakt.
> 2. Die erste Person, die wir Klient nennen, befindet sich in einem Zu-stand der Inkongruenz; sie ist verletzlich oder voller Angst.
> 3. Die zweite Person, die wir den Therapeuten nennen, ist kongruent in der Beziehung.
> 4. Der Therapeut empfindet bedingungslose positive Beachtung gegen-über dem Klienten.
> 5. Der Therapeut erfährt empathisch den inneren Bezugsrahmen des Klienten.
> 6. Der Klient nimmt zumindest in geringem Ausmaße die Bedingungen 4 und 5 wahr, nämlich die bedingungslose positive Beachtung des Therapeuten ihm gegenüber und das empathische Verstehen des Therapeuten." (Rogers 1987, 40)

Rogers hat seine äußerst wirksame Psychotherapie, Jahrzehnte nach ihrer Entstehung, auf das alltägliche Zusammenleben und Zusammenarbeiten von Menschen übertragen und diesen Ansatz „personzentrierte Psycho-logie" genannt. Auch hier wieder seine Formulierungen im Original:

> **„Meine Beschreibung einer personenzentrierten Haltung:** Was meine ich mit einer personenzentrierten Einstellung? Für mich drückt sich in ihr das Hauptthema meines ganzen beruflichen Lebens aus, so wie dieses Thema klar wurde durch Erfahrung, Interaktion mit anderen und Forschung. Dieses Thema wurde in vielen unterschiedlichen Bereichen verwendet und als effektiv befunden, bis die breite Bezeichnung ‚eine personen-zentrierte Haltung' sich als die zutreffendste erwiesen hat.
>
> Die zentrale Hypothese dieser Einstellung kann kurz umrissen werden. Sie besagt, daß das Individuum in sich selbst eine Fülle von Hilfsmitteln hat für sein Selbstverständnis, zur Änderung seines Selbstkonzepts, seiner Einstellungen und selbstbestimmten Verhaltens. Diese Hilfs-

quellen können nur angezapft werden, wenn ein definierbares Klima erleichternder psychologischer Bedingungen geschaffen werden kann.

Es sind drei Bedingungen, die dieses wachstumsfördernde Klima konstituieren, gleichgültig ob wir von der Beziehung zwischen Therapeut und Klient, Eltern und Kind, Führer und Gruppe, Lehrer und Student oder Leiter und Team sprechen. Die Bedingungen lassen sich in der Tat in jeder Situation anwenden, in der ein Ziel die Entwicklung der Person ist. (Ich habe diese Bedingungen in früheren Arbeiten beschrieben.)

Ich gebe hier eine kurze Zusammenfassung vom Standpunkt der Psychotherapie aus, gleichwohl läßt sich die Beschreibung auf alle vorgenannten Beziehungen anwenden. Das erste Element hat zu tun mit Echtheit, Authentizität oder Kongruenz. Je mehr der Therapeut in der Beziehung er selbst ist, jemand, der keine professionelle Front oder persönliche Fassade aufrichtet, um so größer ist die Wahrscheinlichkeit, daß der Klient in konstruktiver Weise sich verändern und wachsen wird. Dies bedeutet, daß der Therapeut offen die Gefühle und Einstellungen lebt, die in ihm im Augenblick fließen. Es gibt eine enge Übereinstimmung oder Kongruenz zwischen dem, was ‚im Bauch‘ erlebt wird, was im Bewußtsein präsent ist und was dem Klienten gegenüber ausgedrückt wird.

Die zweite wichtige Einstellung, um ein Klima für Veränderungen zu schaffen, ist unbedingte positive Aufmerksamkeit, Annahme des anderen oder sich um ihn kümmern oder ihn wertzuschätzen. Dies bedeutet, daß therapeutische Bewegung oder Veränderung wahrscheinlicher ist, wenn der Therapeut eine positive, akzeptierende Einstellung erleben kann gegenüber dem, was immer der Klient zu diesem Zeitpunkt ist. Eingeschlossen ist die Bereitschaft des Therapeuten, dem Klienten zugewandt zu sein, welches unmittelbare Gefühl auch immer präsent ist – Verwirrung, Ressentiment, Furcht, Zorn, Mut, Liebe oder Stolz. Es ist eine nicht Besitz ergreifende Besorgtheit. Der Therapeut wertschätzt den Klienten in einer ganzheitlichen statt von Bedingungen abhängigen Art und Weise.

Der dritte erleichternde (facilitative) Bestandteil der Beziehung ist empathisches Verstehen. Es bedeutet, daß der Therapeut genau die Gefühle und persönlichen Bedeutungen, die der Klient erlebt, spürt, und daß er dieses Verstehen dem Klienten mitteilt. Wenn dies in größtmöglicher Weise gelingt, ist der Therapeut so sehr innerhalb der privaten Welt des anderen, daß er nicht nur die Bedeutungen klären kann, derer sich der Klient bewußt ist, sondern sogar jene, die sich gerade eben unter dem Bewußtseinsniveau befinden. Zuhören, auf diese besondere Weise, ist eine der stärksten Kräfte in Richtung auf Veränderung, die ich kenne.

Belege: Es gibt eine ständig steigende Anzahl von Forschungsergebnissen, die im großen und ganzen die Ansicht stützen, daß, wenn diese erleichternden Behandlungen präsent sind, sich tatsächlich Veränderungen in der Persönlichkeit und im Verhalten ereignen. Derartige Forschung wird in den USA und anderen Ländern seit 1949 bis zur Gegenwart durchgeführt. Studien wurden unternommen über Veränderungen in Einstellungen und Verhalten in der Psychotherapie, was das Ausmaß des Lernens in der Schule angeht, und hinsichtlich des Verhaltens von schizophrenen Personen. Im allgemeinen sind die Ergebnisse positiv.

Vertrauen: Praxis, Theorie und Forschung machen es klar, daß der personenzentrierte Zugang zum Menschen sich aufbaut auf ein grundsätzliches Vertrauen in die Person. Dies ist vielleicht der Punkt, wo er sich am schärfsten von den meisten Institutionen in unserer Kultur unterscheidet. Fast alle Erziehung, Regierung, Geschäftsleben, ein Großteil der Religion, vieles im Familienleben basiert auf einem Mißtrauen gegenüber der Person. Er oder sie muß fortwährend kontrolliert werden, als verdächtig angesehen werden oder als angeborenermaßen sündig betrachtet werden. Dagegen vertraut der personenzentrierte Ansatz dem konstruktiv gerichteten Fluß des menschlichen Wesens mit dem Ziel einer komplexeren und vollständigeren Entwicklung. Es ist dieser gerichtete Fluß, den wir zu befreien anstreben. […]

Die personenzentrierte Haltung ist demnach primär eine Art und Weise des Seins, die ihren Ausdruck findet in Einstellungen und Verhaltensweisen, die ein wachstumsförderndes Klima schaffen. Sie ist mehr eine basale Philosophie als nur eine Technik oder eine Methode. Wenn diese Philosophie gelebt wird, hilft sie der Person, die Entwicklung ihrer Fähigkeiten zu erweitern. Wenn sie gelebt wird, stimuliert sie konstruktiven Wandel bei anderen. Sie stärkt das Individuum, und wenn diese persönliche Kraft gespürt wird, zeigt die Erfahrung, daß sie dahin tendiert, für persönliche und soziale Veränderungen genützt zu werden." (Rogers 1982, 75 ff.)

Miteinander verbrachte Situationen, Gespräche, in denen die eben beschriebenen Haltungen und Umgangsweisen realisiert sind, ermöglichen ein äußerst entwicklungenförderndes Phänomen: Wiederum haben wir es mit einer Art Flow, einem Aufgehen in einer Situation, zu tun. Die Umgebung tritt fast völlig in den Hintergrund. Die Aufmerksamkeit ist gänzlich auf das Miteinander und die gegenseitigen Mitteilungen gerichtet. Es entsteht eine spürbare Dichte und ein erweiterter, über die jeweilige eigene Verstandesfähigkeit hinausgehender schöpferischer Informationsaustausch, in dem es zu vertieften Einsichten bzw. Erkenntnissen sowie überraschenden Problemlösungsideen kommen kann.

Auf Jugendliche bezogen und in eine alltäglichere Sprache übertragen, ergeben sich für eine begleitende bzw. beratende Person folgende Leitsätze:

- Ein Herz für Jugendliche haben, sie gern haben, sie mögen und schätzen. Nicht nur Jugendliche, aber sie im Besonderen, haben ein feines Gespür dafür, ob jemand ihnen wohlgesonnen gegenübertritt oder nicht. Es ist allenfalls kurzfristig möglich, sich ihnen gegenüber zu verstellen. Wenn sie dies erkennen, ist ihr Vertrauen schwer wiederzugewinnen.
- Im Kontakt präsent sowie als Person gegenwärtig und „greifbar" sein. Sich aufrichtig mitteilen in Gefühlen, Gedanken, Sorgen, Freuden sowie Erlebensweisen im Beisammensein.
- In gleicher Weise die Gegenwärtigkeit der/des Jugendlichen aufnehmen, sie freundlich-liebevoll als Person achten, schätzen und respektieren. Mit Interesse würdigen, was die Person mitteilt, was sie bewegt, und sie zu weiteren, tiefergehenden Mitteilungen einladen.
- Einfühlsam, mit Vergegenwärtigung eigener analoger Erfahrungen begleiten, was die jugendliche Person mitteilt und wie sie es tut. Ihre dabei wahrnehmbar mitschwingenden Gefühle, Empfindungen, Bewertungen in das Gespräch einbeziehen, ansprechen und mitfühlende Resonanz geben, verbal sowie in Haltung, Mimik und Gestik.
- Die begleitende und beratende Person hört wirklich zu und antwortet so real, so aufrichtig, wie es ihr möglich ist.
- Eindeutig und klar wird signalisiert: Jede der beteiligten Personen, die begleitende, beratende sowie die jugendliche Person haben jeweils eine eigene, innere wie äußere, Erfahrungswelt sowie eine eigene Entwicklungsperspektive, für die jede der beteiligten Personen selbst verantwortlich ist. Jede Person hat die alleinige Expertenkompetenz für ihre Belange.
- Jugendliche wissen das Vertrauen und die Würdigung ihrer Person, die in der Realisierung der bisher genannten Haltungen und Angebote deutlich werden, in der Regel sehr zu schätzen. Darin liegt die Chance, dass sie solche, sie frei und verantwortlich haltende Gesprächssituationen nutzen. In einem solchen Gespräch können sie Belastungen, Ängste oder Irritationen möglicherweise überhaupt zum ersten Mal aussprechen, ihre Gefühle zulassen, Ungereimtes klären und sich auf diese Weise selbst besser kennen lernen sowie zunehmend darin sicherer werden, wie sie leben möchten und was sie für ihre weitere Entwicklung in Angriff nehmen wollen.

Henning Röper (2004) hat für seine Forschungsarbeit mit acht Jungen zwischen 13 und 17 Jahren in Einzel- und Gruppengesprächen über das bei Jungen vielfach tabuisierte Thema Trauer- und Verlusterfahrungen gesprochen. Er kannte die Jungen aus seiner Betreuungsarbeit in einem Hamburger Bauplatzprojekt zur Jungenförderung. Aufgrund dieser Vorerfahrungen, einer sehr einfühlsamen Ansprache der Jungen sowie einer offenen

Umgangsweise mit seinen eigenen Erfahrungen als Jugendlicher, ist es ihm gelungen, sehr vertrauensvolle Beziehungen zu den Jungen aufzubauen. Dadurch erhielt er eindrucksvolle Einblicke in deren inneres Erleben. Dabei wurde deutlich, dass die Jungen gewohnt sind, Gefühle wie Trauer und Schmerz für sich zu behalten, und üblicherweise nach außen „cool" darüber hinwegzugehen. Vertrauensvolles Darüber-Sprechen ist äußerst selten und bedarf eines stimmigen, haltgebenden und wertschätzenden Kontextes, wie er in dieser Untersuchung geschaffen wurde. Oft fehlten den Jungen allerdings die Worte für ihr inneres Erleben. Sie hatten darin ja auch bislang wenig Übung. Dennoch ist durch die Gespräche das Klima im Umgang der Jungen untereinander offener, realer und verständnisvoller geworden. Hier ein Auszug der von Röper wahrgenommenen Beziehungsentwicklungen in der Jungengruppe:

> „Nachdem ich die Gespräche mit den Jungen geführt hatte, veränderte sich das Verhältnis zwischen uns spürbar. Die Jungen waren offener und freier mir gegenüber in ihrem Ausdruck ihrer Gefühle und Zuneigung. Es fiel ihnen, und auch mir, spürbar leichter persönliche Kontakte herzustellen, in denen wir uns über unsere Gefühle und Befindlichkeiten austauschen konnten. Vor allem konnten und können wir viel entspannter miteinander spielen und lustig sein.
>
> Selbstverständlich zeigen sie weiterhin das Imponier- und Machogehabe, das sie brauchen, um auf der Straße und im Jugendclub oder der Schule zu bestehen, aber sie sind in diesen Situationen für mich viel eher ansprechbar als früher. Vielleicht liegt es auch daran, dass sich mein Verständnis für ihr Verhalten geändert hat und ich sensibler für ihre nonverbalen Signale geworden bin, wann ich sie ansprechen darf und wann nicht.
>
> In den letzten Monaten kam mir daher immer wieder der Gedanke, dass wenn es in dieser Konstellation [Anm.: persönliche Einzel- und Gruppengespräche über innere Befindlichkeiten] eine solche Veränderung bewirkt hat, dann könnte es auch in anderen Settings funktionieren. Zu erwähnen ist in diesem Zusammenhang nochmals, dass ich die Jungen lange kenne und zum Teil sehr enge Verbindungen bereits vor den Gesprächen hatte, es dennoch eine solche Veränderung in der Qualität unserer Beziehung gegeben hat. Dies lässt mich hoffen, dass ein solcher Versuch auch in der Schule oder in anderen Jugendeinrichtungen möglich sein kann. Es wäre es wert herauszufinden, ob eine längere Bekanntschaft oder Beziehung zu den Jungen eine Voraussetzung für solche Gespräche ist und welches die besten Rahmenbedingungen sind, um diese in anderen Institutionen durchzuführen.
>
> Ein ganz wesentlicher Aspekt wäre die Vorbereitung der Gesprächsführer, also Männer, die mit Jungen bereits arbeiten oder arbeiten wollen. Die Vermittlung einer wertschätzenden, annehmenden und mitfühlen-

den Haltung (vgl. Langer, 2000, Rogers, 2002), halte ich für eine unbedingte Voraussetzung für das Gelingen eines solchen Projektes. Die Jungen brauchen ein Gegenüber, welches sie in ihrer Situation sehen will und kann, eine Person, die steht und fest ist, ohne autoritär oder kontrollierend zu sein. In einer Gesellschaft, in der die Jungen nach Überlegenheit und Sieg streben müssen, brauchen sie jemanden, der ein echtes Interesse an ihnen hat und ihnen warmherzig, liebevoll aber auch kraftvoll begegnet. Eine Person mit der sie nicht wetteifern müssen, sondern bei der sie sich sicher und vielleicht auch geborgen fühlen.

Ich sehe diese Gespräche deshalb als Chance für ein Gewaltpräventionsprogramm, weil Jungen unter einem großen Druck stehen, ihre leisen Stimmen oder Seiten zu verdrängen oder zu unterdrücken. Drogand-Strud & Ottmeier-Glücks (2003) führen den Vergleich, dass die Jungen ihre leisen Seiten verdrängen, ebenso wie sie die leisen Jungen auf dem Spielplatz verdrängen oder unterdrücken. Ich denke, dass es andersherum den gleichen Sinn ergibt. Je mehr ein Junge seine leisen, vermeintlich schwachen Seiten verdrängen bzw. unterdrücken muss, desto stärker ist er auch geneigt andere zu unterdrücken. Der Schluss liegt daher nahe, dass, wenn Jungen die Möglichkeit erhalten, über ihre Ängste, Trauer und Verlusterfahrungen in einer wertschätzenden Atmosphäre zu sprechen, sie diese Emotionen positiver in ihr Selbstbild integrieren können. Dies könnte zur Konsequenz haben, dass sie ein geringeres Bedürfnis haben, diese zu unterdrücken, was dazu führen könnte, dass sie auch Menschen in ihrer Umgebung weniger unterdrücken oder kontrollieren müssen." (Röper 2004, 150f.)

Es gilt, Jugendlichen mit den beschriebenen Haltungen Gelegenheiten zur Begegnung anzubieten. In Gegenwart einer die Haltungen repräsentierenden Person entwickelt sich Aufmerksamkeit von Jugendlichen für sich selbst und für die Bezugsperson im Kontakt mit ihnen. Jede im Miteinander präsente Person erlebt mehr von sich, fühlt tiefer, lässt sich von Gedanken und Gefühlen bewegen und teilt sich der anderen mit. Es gilt, einer solchen Begegnung Raum und Zeit zu lassen, wenn Personen aufeinandertreffen, Raum und Zeit, sich aufeinander zu richten, Anfangsempfindungen von Fremdheit zuzulassen (die auch zwischen einander vertrauten Menschen stehen können, wenn diese sich nach einiger Zeit wiedersehen), die mit dem anfänglichen Fremdheitserleben verbundene Spannung zu halten, zunehmend miteinander in Verbindung zu treten und ein persönlich stimmiges Miteinander entstehen zu lassen.

Dieser Prozess geht von Begegnung zu Begegnung voran, baut die Intensität und Nähe der Beziehungen auf, die eine Person eingehen kann, sowohl zu anderen Personen als auch zu sich selbst. Die Nähe zu sich selbst ist es, die es einem Menschen ermöglicht, sein Wesen in diese Welt zu tragen und dem Mitmenschen zu seinem Wesen zu verhelfen. So können Personen miteinander das entfalten, was in ihnen angelegt ist.

Die klienten- bzw. personzentrierte Begegnungspsychologie von Carl Rogers ist in Deutschland von Reinhard und Anne-Marie Tausch im Gebiet der Psychotherapie als Gesprächspsychotherapie eingeführt und verbreitet worden (Tausch / Tausch 1990). Die von Rogers beschriebenen Haltungen werden insbesondere vom Therapeuten / von der Therapeutin realisiert. Der Klient / die Klientin kann sich mehr auf sich selbst richten, sich erleben, sich fühlen, sich klären. Das ist heilsam – wie in Deutschland Reinhard und Anne-Marie Tausch mit ihren Mitarbeiterinnen und Mitarbeitern an der Universität Hamburg vielfach nachgewiesen haben.

Bei den Aufenthalten von Carl Rogers in Hamburg, Anfang der achtziger Jahre des vorigen Jahrhunderts, zeigte sich beeindruckend, wie leicht, liebevoll und aufrichtig der inzwischen Achtzigjährige seine therapeutischen und menschlichen Begegnungen gestaltete. Es bedarf wohl eines lebenslangen Lernens, um elementare mitmenschliche Seiten zum Ausdruck zu bringen, um so einfach, mitfühlend und real zu werden wie er, sich im Kontakt mit anderen Menschen dem Ereignisstrom der eigenen Einfälle, Gedanken und Gefühle so anvertrauen zu können.

Carl Rogers hat seine Psychologie der persönlichen Begegnung in zahlreichen Feldern des menschlichen Alltags erprobt: in Schulen, Partnerschaften, Krankenhäusern, Wohngemeinschaften und politischen Konfliktherden, zum Beispiel Nord-Irland. Dort zeigten sich allerdings auch die Grenzen: In mehrtägigen Begegnungsgruppen von Vertretern der verfeindeten Protestanten und Katholiken kamen nach vorsichtigen Annäherungen auf beiden Seiten tiefgehende Wünsche nach einem friedlichen Zusammenleben zum Ausdruck. Jedoch wurde eine weitere Verbreitung solcher Versöhnungstreffen von Führern beider Lager unterdrückt; Videoaufzeichnungen der ersten Begegnung „verschwanden" auf ungeklärte Weise. So blieb es im Nordirland-Konflikt bei den gegenseitigen Vorurteilen, Verhärtungen, Missverständnissen, Ausgrenzungen sowie gegenseitigen Gewaltakten und dies bis auf den heutigen Tag.

Gegenwärtig ist in unserem Land viel von einem sogenannten Generationskonflikt zwischen „alt" und „jung" die Rede. In öffentlichen Diskussionen zwischen bereits erwachsenen „Jungen" und sogenannten „Alten" nahe der Rente ist auch eine füreinander verschlossene Lagerbildung spürbar. Auch hier können die Chancen eines aufrichtigen Dialogs in gegenseitigem Respekt für die jeweiligen Sorgen und Nöte zu konstruktiven Lösungen führen. Erst recht gilt es für uns Erwachsene, uns zu bemühen, die Gedanken, Gefühle und Lebensvorstellungen unserer jetzigen Jugendlichen kennen zu lernen und uns ihnen dabei gleichfalls als Person, als ehemaliger junger Mensch und so, wie uns innerlich wirklich zu Mute ist, aufrichtig zu zeigen.

2.5 Selbstwert erleben, ausgerichtet auf „Sein" und „Werden"

2.5.1 Positives Selbstwerterleben

Zur Frage, was Heranwachsende in unterschiedlichen Lebenslagen stärkt und aus ihnen selbst heraus Schutz und konstruktive Lebensausrichtung ermöglicht, gibt es wohl nur eine einzige Antwort, die von Expertinnen und Experten aller theoretischer Lager und Berufssparten unstrittig im Zentrum steht: Kinder und Jugendliche sollten verlässlich wahrnehmen, spüren, empfinden und zu dem Urteil gelangen, unersetzlich wertvoll zu sein, kurzum ein positives Selbstwerterleben zu haben. Dieses ist nicht nur für Kinder und Jugendliche ein tragendes und kostbares Gut, sondern bedeutsam bis ins hohe Alter.

Wie entsteht ein positives Selbstwerterleben? Was „nährt" es von Tag zu Tag, von morgens bis abends, über all die Jahre der Lebensentwicklung?

Die Antwort auf diese Fragen können wir dem Lebenswerk von Virginia Satir entnehmen, beispielsweise dargelegt in ihren Schriften „Selbstwert und Kommunikation" (1975) sowie in dem gemeinsam mit ihr nahestehenden Begleiterinnen und Begleitern veröffentlichten Buch „Das Satir-Modell" (1995).

Positives Selbstwerterleben gründet sich im gespürten Lebensgefühl „ich bin", nicht, wie so häufig missverstanden, im „ich bin erst wenn …, wenn ich meinen Hauptschulabschluss habe, meinen Realschulabschluss, meine Lehre abgeschlossen oder Abitur und Studium hinter mich gebracht oder eine gut bezahlte Arbeit gefunden habe, vielleicht auch erst wenn ich eine wunderbare Lebenspartnerin / einen wunderbaren Lebenspartner gefunden habe." Bildung, Ausbildung, Beruf und persönliche Entwicklungen in Liebe, Partnerschaft und Zusammenleben sind von hohem Wert. In ihnen kann sich ein positives Selbstwerterleben erweitern und ausdifferenzieren. Aber die Basis liegt im Lebensgefühl „ich bin", in der Grundauffassung „mit meiner Existenz verbindet sich ein unauslöschlicher existentieller Wert", „ohne mich wäre die Welt ärmer".

Gewiss, das positive Selbstwerterleben unterliegt starken Schwankungen und kann arg sinken, etwa wenn eine Prüfung nicht oder nicht gut genug absolviert wurde oder eine geliebte Person nicht mehr mit uns zusammen sein will. Virginia Satir hat für das Auf und Ab des Selbstwertgefühls das Bild eines großen Topfes:

> „Auf unserer Veranda an der Rückseite des Hauses stand ein riesiger schwarzer Eisentopf mit wunderschönen abgerundeten Seitenwänden, der auf drei Beinen stand. Da meine Mutter selbst Seife machte, war der

Topf einen Teil des Jahres mit Seife gefüllt. Wenn im Sommer die Ernte-
helfer zum Dreschen kamen, kochten wir in dem Topf Eintopfgerichte. Zu
anderen Zeiten des Jahres benutzte mein Vater ihn, um Dünger für
Mutters Blumenbeete darin aufzubewahren. … Wer den Topf benutzen
wollte, mußte zuvor zwei Fragen klären: Was ist gerade im Topf? Und wie
voll ist er?

Viele Jahre später mußte ich immer wieder an jenen alten Topf denken, wenn Menschen mir über sich selbst erzählten – daß sie sich voll,
leer, schmutzig oder gar ‚gebrochen‘ fühlten. Eines Tages vor vielen
Jahren saß einmal eine Familie in meiner Praxis, deren Mitglieder nach
Worten rangen, um einander klarzumachen, wie sie sich fühlten. Da
fiel mir plötzlich der schwarze Topf ein, und ich erzählte seine Geschichte. Schon bald sprachen alle über ihren eigenen ‚Topf‘ …“ (Satir
1997, 39 f.)

Mit diesem Bild lässt sich prägnant und anschaulich mitteilen, wie es um
das Selbstwerterleben steht: „Mein Pott ist voll; er schäumt fast über“ oder
eben: „Mein Pott ist leer.“

Weichenstellend für einen nachhaltig gefüllten „Pott“, für ein stabiles
Selbstwerterleben, ist nach Virginia Satir das innere Bezugssystem, mit dem
eine Person sich, ihre Mitmenschen sowie ihre und deren Fähigkeiten
wahrnimmt und einordnet.

2.5.2   Das hierarchisch ausgerichtete innere Bezugssystem

Etliche Jugendliche und zunehmend auch Kinder suchen ihren Wert in
einem von Virginia Satir so genannten „hierarchischen System“. So wird
z. B. von Jessor und Jessor (1977) beschrieben, dass etliche Jugendliche mit
Verhaltensauffälligkeiten über ihren aktuellen Entwicklungsstand hinaus-
greifen, größer erscheinen wollen als sie sind, und ein „höherwertiges“
Erwachsenenverhalten simulieren.

Mit Hierarchie ist hier nicht eine organisatorisch begründete Aufgaben-
verteilung gemeint, bei der es wichtig ist, dass Personen, die mehrere
Abläufe koordinieren, zentraler wirken und Anweisungen an dezentral
handelnde Personen geben. Dies wäre eine in den Sachaufgaben begründete
hierarchische Koordinierungsstruktur. Sie ist vielfach sinnvoll und für
effektives Wirken erforderlich. Mit dem hierarchischen System meint
Virginia Satir ein inneres Bezugssystem im Umgang von Mensch zu
Mensch. Aus ihm ergibt sich ein Bewertungsgefüge in dem vielfach Abwertungen und Wertlosigkeitserleben die Folge sind. Zum genaueren
Verständnis folgt hier Virginia Satirs Originalbeschreibung des hierarchisch
ausgerichteten Menschenbildes (Satir u. a. 1995, 30 ff.):

„Hierarchisches Modell
- Menschen sind unterschiedlich wertvoll.
- Menschen dominieren entweder oder sie ordnen sich unter.
- Rollen und Status werden mit Identität verwechselt.
- Rollen beinhalten Überlegenheit und Macht bzw. einen minderwertigen Status und Machtlosigkeit.
- Die hierarchische Sicht beinhaltet Überlegenheit und Unterlegensein.
- Die Menschen haben Macht über ihresgleichen, aber haben gleichzeitig auch Gefühle von Isolation, Angst, Wut, Groll und Mißtrauen.“

In dieser Art von Hierarchie im zwischenmenschlichen Umgang und mit sich selbst geht es vor allem darum, sich und andere relativ einzuordnen, in besser / schlechter, reicher / ärmer, stärker / schwächer, schöner / hässlicher und so weiter und so weiter. Angst und Absicherung sind die wesentlichen steuernden und motivierenden Größen. Angst lässt eine Person in dieser Art Hierarchie nach oben streben – selbst Sigmund Freud wird nachgesagt, dass er keinen „über sich“ haben wollte – und wer in dieser Art Hierarchie weiter unten steht, hat allen Grund, sich zu fürchten. Virginia Satir bezeichnet Strukturen, die in solcher Art Hierarchie entstehen, als „gefrorene Angst“.

2.5.3 Sich auf „Sein“ und „Werden“ ausrichten

Alternativ zum hierarchischen System ist das innere Bezugssystem von „Sein“ und „Werden“ auf konkretes Erleben, auf Verbundenheit und persönliche Integrität ausgerichtet. Persönliche Integrität basiert auf organismischen Wahrnehmungen, Empfindungen, Erlebnissen und Urteilen einer Person gemäß ihres ureigenen Wesens. Dies sei an zwei Beispielen erläutert:

Beispiel 1: „Mein“ und „Dein“ im hierarchischen System kann zu allerhand Hickhack um Besitz führen. Ein sinnlich erfahrenes, persönlich bedeutsames „Mein“ ist von ganz anderer Natur, lässt jeder anderen Person ihr eigenes „Mein“ und bahnt intensiveres Erleben oder intensivere Erinnerungen als in der hierarchischen Variante. Gegeben ist dies z.B., wenn jemand sich sinnlich vergegenwärtigt: „Mein Pinneberg …“, „Meine Elbe …“, „Mein alter Kletterbaum …“.

Mit anderen darüber zu sprechen, sich das jeweilige „Mein“ mitzuteilen und es gemeinsam nachzuvollziehen, nachzuempfinden, es sich mit allen Sinnen vorzustellen, es zu er-innern, all dies vertieft und intensiviert jedes einzelne „Mein“, die Beziehung der Personen zueinander allemal und wohl auch gegenseitige Einladungen, so dass aus „meine Elbe“, „meine Weser“, „unsere Elbe“, „unsere Weser“ werden kann.

Beispiel 2: Wie häufig schauen gerade Jugendliche bewundernd oder auch etwas neidisch auf ihre Stars, auf Andere, die viel Ansehen haben und wünschen sich selbst größeres Ansehen. Erwachsene gewiss auch. Bei diesem eher hierarchisch orientierten, vielfach abstrakt gewordenen „Ansehen" wird die sinnliche Seite des einander Anschauens oft nicht genutzt. Aufeinander gerichtet sein, auf gleicher Augenhöhe, im Blickkontakt zueinander, aneinander als Person interessiert, im Gespräch miteinander zu einem interessierenden Thema, all diesem wohnt ein erfüllendes gegenseitiges Ansehen inne. Einer anderen Person in dieser Weise Ansehen zu geben und zugleich das ihrige zu empfangen, nährt und stärkt gegenseitig im Miteinander-Sein das Empfinden, äußerst wertvoll zu sein.

Übrigens: Jugendliche suchen auch in starkem Maße ein solches wertgebendes Miteinander und können Stunden beim Klönen und (drogenfreien) „Chillen" damit zubringen. Aber sie verlieren sich auch leicht in die hierarchisch-abstrakte Seite ihrer hierarchischen inneren Bezugssystem-Variante, etwa wenn sie sich auf ihre Stars, auf große Künstlerinnen und Künstler, auf einflussreiche Geschäftsleute richten. Die so Gepriesenen sind für sie allerdings abstrakte, in Medien präsente „Stars", die sie verleiten, ihrer eigenen Lebensfülle wenig Aufmerksamkeit zu schenken oder sich sogar abzuwerten: „Was bin ich gegen diese ‚Lichtgestalten'? In der Begleitung und Beratung von Jugendlichen gilt es, sie und uns daran zu erinnern: „Wir sind tatsächlich sehr viel wert! Ihr Jugendlichen allemal! Was lässt sich nicht alles empfinden, fühlen, erleben, erkennen und einander mitteilen, bei euch, bei uns, als einander real gegenübertretende Lebensgestalten!"

Virginia Satir bezeichnet dieses Bezugssystem als Wachstumsmodell (1997, 30 ff.). (Zur Erweiterung und Vertiefung dieses Kapitels lohnt es sich sehr, ihre langjährigen Erfahrungen auf diesem Gebiet im Ganzen nachzulesen und aufzunehmen.)

„Wachstumsmodell

- Menschen sind einander gleichwertig.
- Beziehungen bestehen zwischen Gleichwertigen.
- Rollen und Status werden von der Identität unterschieden. – Rollen werden als eine Funktion in einer bestimmten Beziehung zu einem bestimmten Zeitpunkt verstanden.
- Gleichheit drückt sich aus in Gleichwertigkeit aller Menschen, Verbundenheitsgefühlen, Interesse an Gemeinsamkeiten und Unterschieden durch Akzeptieren derselben.
- Menschen empfinden Liebe; sie fühlen sich als im Besitz ihrer selbst, sie achten andere; sie sind in der Lage, sich frei auszudrücken und nach ihren eigenen inneren Maßstäben Dinge und Menschen wertzuschätzen."

Unschwer ist zu erkennen, wie gedeihlich es sein kann, sich in einem Menschenbild mit diesen Haltungen, Wertsetzungen sowie den darauf aufgebauten Handlungen, Beziehungen und Interaktionen zu entwickeln.

2.5.4   Übung zum Lebensgefühl „Ich bin"

Selbstwert gründet sich im Lebensgefühl der gespürten Existenz. Um die in den vorigen Abschnitten beschriebene Ausrichtung am lebendigen Wachstum und die förderlichen Haltungen nach Carl Rogers in sich gegenwärtig werden zu lassen, hat sich eine Besinnungsübung bewährt. Sie ist für Erwachsene vorgesehen. Jugendliche selbst stehen in ihrer zentrifugalen Entwicklungsphase in der Regel einer nach innen gerichteten Selbstbesinnung eher abwehrend gegenüber. Allerdings: Die zu Grunde liegende Haltung, von Erwachsenen, Erzieherinnen und Erziehern vorgelebt, schafft einen Kontext, in dem Jugendliche sich ebenfalls lebensbezogener entfalten können.

Jugendliche zu begleiten, zu beraten oder zu betreuen ist oftmals eine kräftezehrende Aufgabe. Da tut es immer wieder gut, aus den Quellen der eigenen Existenz Kraft zu schöpfen. Eine solche Stärkung wird auch gebraucht, wenn es in langwierigen Sitzungen darum geht, Kürzungen der Ressourcen bei der Betreuung von Jugendlichen abzuwehren.

Die Grundidee der Übung hat in unterschiedlichen Variationen ihre Anwendung gefunden. Der US-amerikanische Psychologe Stephen Johnson hat sie in Form einer Meditation dargestellt (1990, 90 f.).

Virginia Satir hat eine etwas andere Form nach jeder intensiven Therapiesitzung als stärkenden Übergang zu den weiteren Aufgaben des Tages angeboten. Rollo May (1986) hat dem Thema ein ganzes Buch gewidmet („Die Erfahrung ‚Ich bin'. Sich selbst entdecken in den Grenzen der Welt"). Wir stellen hier eine Übung zum Lebensgefühl „Ich bin" vor, wie sie die Psychotherapeutin Angelika Arndt-Langer in Einzel- oder Gruppenpsychotherapien einsetzt.

Es ist natürlich nur begrenzt möglich, den folgenden Text zu lesen und sich dabei voll auf die angeleiteten Schritte einzulassen. Da empfiehlt es sich, den Text langsam, mit den angegebenen Pausen, auf eine Tonkassette zu sprechen und diese dann ablaufen zu lassen. Oder und viel wirksamer, sie zu mehreren durchzuführen – eine Person spricht dabei die Anleitung oder alle hören sie vom Tonträger.

„Ich bin"-Übung

Setze dich so hin, dass du gut atmen kannst – am besten ziehst du enge Schuhe aus, lockerst deinen Gürtel oder öffnest den Hosenknopf.

Schließe deine Augen und spüre, wo dein Körper den Boden berührt, den Stuhl. Überlasse dich der Schwerkraft und lass deine Schultern sinken, lockere deinen Kiefer und achte auf deinen Atem. Überlass dich der Atemwelle, wie sie kommt und geht und kommt und geht und kommt und geht ...

Nimm wahr, wie sich deine Brust hebt und senkt und wie dein Atem deine inneren Räume immer weiter, heller und wärmer werden lässt. Genieße dich, deinen Atem und deine Atempausen.

(Zeit lassen, etwa 20 Sekunden)

„Ich bin" – Lass diese Worte in dich fallen und spüre, was geschieht.

Nicht wie du bist, was du bist, ist wichtig, sondern:
Dass du bist
und atmest
und lebst
und atmest
und bei dir bist.

Und der Atem kommt und geht ...
(Zeit lassen, etwa 20 Sekunden)

Was ich bin,
wie ich bin,
kann ich wählen.

Ich bin ...
(Zeit lassen, etwa 20 Sekunden)

Ich bin ... Ich bin

Sprich selbst die Worte aus (ich bin) und experimentiere damit: Was spürst du, wenn du das „Ich" betonst oder dich auf dem „bin" ausruhst?

Ich bin ...

Und immer wieder kehre mit deiner Aufmerksamkeit zu deinem Atem zurück, besonders dann, wenn du den Kontakt zu dir verlierst.

Ich atme ...
Ich bin ...

Die Atemwelle kommt und geht und kommt und geht ... Ich bin ...
Nimm dir deine Zeit. Sprich innerlich immer die beiden Worte und lasse sie in dir nachschwingen.

Ich bin ...
(Zeit lassen, etwa 20 Sekunden)

Und nun komme langsam wieder zurück. Recke und strecke dich und winkle die Ellbogen an, während ich von zehn bis null zähle: 10 ... 9 ...... 1 ... 0.

Wenn die Übung in Gemeinschaft ausgeführt wurde, geht sie in ein Gespräch über: Nun findet einen Partner, mit dem ihr euch austauscht.

Die Zentrierung in der eigenen Lebensbasis und Existenz bedeutet nicht nur eine Stärkung der eigenen Person, eine Erhöhung des eigenen Wohlgefühls und eine Festigung des eigenen Realitätssinns. Die Folgen wirken weiter: Erwachsene, z.B. Eltern, Lehrerinnen / Lehrer, deren innere existentielle emotionale Sicherheit ihnen präsent und selbstverständlich geworden ist, können den Entwicklungsquerelen, den „Ausfällen", Entgleisungen, Wutattacken von Kindern / Jugendlichen regelnd und konstruktiv begrenzend gegenübertreten. Erwachsene, die unsicher auf ihrem existentiellen Boden stehen, fühlen sich leicht von Jugendlichen bedroht, tendieren dazu, diese auszugrenzen statt zu begrenzen und gehen in verletzte, verletzende und Macht demonstrierende Gegenwehr (Reaktanz).

In einem Kontext, der Jugendlichen vermittelt, dass ihre Existenz erwünscht ist, zumindest von ihren Eltern und hoffentlich auch von Lehrerinnen / Lehrern und anderen Ausbildenden entsteht die Chance, dass auch Jugendliche ihre Potentiale wahrnehmen und sie gestaltend für ihre Identität entwickeln. Auf Grund ihres eigenen So-Seins und ihrer Aktualisierungstendenz lernen Jugendliche, von sich aus zu lernen, zu arbeiten, zu fragen und Interessen zu entwickeln. Dies ist die Grundlage dafür, dass Jugendliche ihre ureigene stimmige Entwicklung nehmen und sie das „Wiesie-sein-Möchten" ihrer Existenz und ihrer Identität in Resonanz mit der Umwelt ausdifferenzieren und gestalten. Sie wachsen nicht nur körperlich, sondern auch psychisch und sozial. Auf diese Weise können sie für die Gesellschaft zur menschlichen Grundlage einer innovativen Kraftquelle werden.

Eine misslungene Entwicklung ist nicht nur eine emotionale Katastrophe für die Jugendlichen, sondern wirkt sich erheblich als Irritation in allen gesellschaftlichen Bereichen aus.

Die mangelnde Präsenz der existentiellen emotionalen Sicherheit ist der Motor des hierarchischen Systems, dessen Selbstwert-zerstörende Seiten hier noch einmal konkretisiert werden sollen. Die ständigen Relativierungen in besser, schlechter, ungenügend lösen begleitende Affekte der Scham aus, die so unerträglich sein können, dass die Beteiligten einander gegenseitig abwerten „müssen", um selbst nicht ganz unten zu landen. Dies gilt für Jugendliche wie Erwachsene. Ohne Unterstützung ist die Spannung aufgrund der Schamgefühle schwer zu halten. Sie werden wie im Ping-Pong-Spiel hin- und hergeschoben: „Ich beschäme und verletze dich, du beschämst und verletzt mich." – ein Hin und Her mit dem Ehrgeiz: „Ich kann es noch besser!" oder „Ich hab's dir gegeben."

Dies passiert unter Kolleginnen und Kollegen wie unter Schülerinnen und Schülern wie zwischen Lehrenden und Lernenden und schafft eine Atmosphäre der Unsicherheit und Angst sowie der Ausgrenzung und Aussortierung. In einer solchen Atmosphäre, in der Beteiligte es nicht wagen, sich Unterstützung zu holen, entsteht kein produktives Lernklima. Fehler und Wissenslücken werden „im Geheimen" schamvoll registriert. – Keiner soll das merken! Schützendes Sich-Tarnen ist angesagt: Von Erwachsenen werden Fachautoritäten oder sogenannte Sachzwänge vorgeschoben. Jugendliche lassen sich zu einer immer ausfallender werdenden schockierenden, entwürdigenden Wortwahl hinreißen, einem gefährlichen Vorfeld von weiter gehender Gewalt und von Tätlichkeiten. Aggressionen, nach außen oder gegen sich selbst, steigen bei allen Beteiligten. Das Miteinander und die Umgebung werden zerstört. Teilweise verwahrloste Orte, an denen z. B. Lernen oder Spielen stattfinden könnte, lösen bereits in der Wahrnehmung Ekel und Scham aus, sind dreckig, beschädigt, unästhetisch. Schulschwänzen auf der einen Seite und Frühpensionierungen auf der anderen Seite sind weitere Folgen. Und es wird an falschen Hebeln zu kurieren versucht: Noch mehr Leistungsdruck, einengendere Regeln, erhöhte Kontrolle, ausgrenzende Sanktionen. Eine zunehmende Anzahl der beteiligten Personen empfindet: „Irgendetwas stimmt hier nicht; Ich bin hier falsch."

Entwickeln wir uns Schritt für Schritt in Richtung „Sein" und „Werden", kann dies jeder / jedem von uns – vor allem längerfristig betrachtet – nur gut tun. Kindern und Jugendlichen allemal.

2.5.5 Machtkämpfe

„Macht" ist ein vielschichtiges Wort. Macht kann in sehr unterschiedlicher Weise eingesetzt werden. Zahlreiche Jugendliche „müssen" die Macht, den Einfluss von Erwachsenen auf ihren Raum, ihr Leben, ihre Zeit, zurückweisen und „dagegen halten" im Neinsagen, um ihre eigenen Einflussmöglichkeiten zu spüren. Sie sind erst auf dem Weg, eine sehr wichtige Unterscheidung treffen zu können: Ein „Ja!", eine Zustimmung kann eine Antwort nach eigener Prüfung und damit eine selbstbestimmte Botschaft sein oder eben ein Zeichen der Unterwerfung. Jasagen, obwohl eine andere Person das Bejahte auch will, bedarf eines wichtigen Reifungsprozesses in der Entwicklung persönlicher Unabhängigkeit, den Jugendliche erst durchlaufen müssen. Je geringer ihre Ichstärke und ihr Empfinden eigener Macht ist, desto heftiger kämpfen sie um ihr eigentlich legitimes Bedürfnis nach Einfluss, Machen und Gestalten ihrer eigenen Belange. Verständnisvolle Erwachsene haben dies im Hinterkopf, wenn ihnen ein aufgebrachtes „Nein!" entgegenschnellt, noch bevor sie ihr Anliegen überhaupt erst richtig artikulieren konnten. Dann gilt es, für das Anliegen einen zweiten oder dritten Anlauf zu nehmen, weil die jugendliche Person ihrem Nein in vielen Fällen einen inneren Verarbeitungsprozess anschließt, bei dem ihr ein vorhandenes inneres Ja zugänglich werden kann. Dann kann es durchaus vorkommen, dass dem zunächst abgeschmetterten Anliegen ein inhaltsgleicher Wunsch der jugendlichen Person folgt, nunmehr allerdings von ihr initiiert. Zumindest aber hat eine zweite oder dritte Anfrage der erwachsenen Person nunmehr bessere Chancen.

Heftige und beziehungsbelastende Machtkämpfe können auf diese Weise in regulierender Weise behandelt werden und die jugendliche Person kann darin sicherer werden: „Ich kann entspannt zulassen, dass jemand etwas von mir will. Ich kann sein Anliegen für mich prüfen und mir gemäß antworten. Ich bin in meinem Ja genauso stark und frei wie in meinem Nein."

Für eine solche Entwicklung ist im hierarchischen Modell und in der damit verbundenen Umgangsweise kein Raum. Die Werthaltungen im „Sein" und „Werden" und die entsprechenden Umgangsweisen miteinander sind dafür unerlässlich.

Virginia Satir hat zur Unterstützung dieses Entwicklungsprozesses „fünf Freiheiten" betont. Davon haben wir uns in der folgenden Fassung inspirieren lassen:

Frei bist du, „Ja!" zu sagen oder „Nein!"

Frei bist du, überall hinzusehen, wohin du willst, auch in kritische Blicke;
Frei bist du, woanders hinzuschauen.
Frei bist du, alles genau zu hören, auch die Zwischentöne.
Frei bist du, dir die Ohren zuzustopfen oder die Stille zu suchen.
Frei bist du, alles zu fühlen und zu empfinden, was dein Körper und deine Seele dir auftun.

Deine Gedanken sind frei und deine Phantasie.

Frei bist du zu sagen, was du möchtest und was du nicht möchtest. Du brauchst dazu von niemandem eine Erlaubnis.

Frei bist du, alles anzusprechen und auszudrücken, was dich bewegt, was in dir ist, was du fühlst und denkst.

Frei bist du, Geheimnisse zu haben, sie zu bewahren und überhaupt nichts zu sagen oder zu zeigen.

Frei bist du, etwas zu wagen und dafür gradezustehen.

Frei bist du, vorsichtig zu sein und dich zu schützen.

Frei bist du, anzunehmen, was andere von dir wollen,

Frei bist du, Forderungen zurückzuweisen.

Frei bist du, auszuwählen aus all dem „man müsste!" – „man sollte!" – „man darf nicht!"

Frei bist du zu einem ganz eigenen Weg.

Trau' dich! Steh' für dich ein!

Du kannst in unserem Miteinander wirklich zugegen sein!

(Frei nach Virginia Satirs 5 Freiheiten, Satir u.a. 1995, 80.)

2.6   Werden am „Du"

Jugendliche in der Herausbildung ihres Wesens, im Aufbau ihrer Identität sind sehr achtsam dafür, in welcher Weise andere Personen, insbesondere Erwachsene, mit ihnen umgehen, mit ihnen sprechen. Die Grundfrage lautet: „Bin ich hier Rädchen im Getriebe oder Mensch oder gar als Person angesprochen?" Und bei Personen, die ihnen wichtig sind, testen sie es aus: „Meinst du wirklich mich? Oder bin ich austauschbar für dich? Oder bin ich für dich wie eine Sache, mit der du jonglierst, die du hin und herschieben kannst, so wie du sie brauchst oder die du sonst wie bearbeitest?"

Person und Sache sind wesensverschieden, wie William Stern (1871–1938), Mitbegründer der akademischen Psychologie an der Universität Hamburg, in seiner dreibändigen Persönlichkeitsphilosophie im ersten Viertel des vorigen Jahrhunderts herausgearbeitet hat (Stern 1923a, b, 1924). Mit Personen kann nicht so umgegangen werden wie mit Sachen, eigentlich eine Selbstverständlichkeit, die jedoch gerade in marktwirtschaftlich dominierten Zeiten immer wieder deutlich gemacht werden muss. Auf zahlreiche Verbindungen zwischen der „personalistischen" Psychologie von Stern und der personzentrierten Psychologie von Carl Rogers wurde an anderer Stelle (Langer 2000, 95ff.) hingewiesen.

Gleichfalls um den ersten Weltkrieg herum hat der jüdische Religionsphilosoph Martin Buber (1878–1965) diesem Thema in prägnanter, eindringlicher Sprache eine Kontur gegeben, die weltweit Bedeutung erlangte. Sie ist auch in die personzentrierte Psychologie von Carl Rogers (s. Kap. 2.4) sowie in die Interaktionspsychologie von Ruth Cohn eingeflossen. „Ich und Du" lautet Bubers Herausarbeitung zu diesem Thema (Buber 1983), 1923 zum ersten Mal veröffentlicht. Im Zentrum steht die grundlegende Unterscheidung zwischen zwei Arten von Beziehungen, die sowohl von Person zu Person als auch zwischen Personen und ihren Gegenständen („Sachen"), eingegangen werden können, einerseits Ich-Du-Beziehungen, andererseits Ich-Er-, Ich-Sie-, Ich-Es-Beziehungen.

2.6.1 Ich-Du-Beziehungen

Ich-Du-Beziehungen sind unerlässlich zur Entwicklung einer Person. Wenn Kinder und Jugendliche darin unsicher sind, wie eine Person zu ihnen steht, versuchen sie, dies auszutesten, rebellieren oder ziehen sich zurück. Manchmal jedoch genügt ein Blick, eine ausgestreckte Hand, ein Wort einer Bezugsperson und sie reagieren, als wäre in ihnen ein Licht angeschaltet worden: „Ich bin gemeint. Ich bin dieser Person nicht gleichgültig, ich bedeute ihr etwas." Sie gehen aus sich heraus und geben – vielleicht nur vorsichtig oder nur einen einzelnen Schritt weit – mit ihrem Blick, ihrer Stimme, ihren Worten, ihren Handlungen zu erkennen: „Du bist mir wichtig oder du könntest mir wichtig werden. Dir kann ich (vielleicht) trauen, dir kann ich – möglicherweise schon das nächste Mal – erzählen, was mich bewegt und dir dazu Fragen stellen." In solchen Situationen bildet sich gegenseitig Selbstwerterleben und für die Jugendlichen eine Basis, sich an den Erfahrungen und Erkenntnissen der Bezugsperson zu orientieren.

Wie tiefgreifend es sein kann, Ich-Du-Beziehungen zu erfahren – für Kinder, Jugendliche wie für Erwachsene – und sich in ihnen zu entwickeln, sei hier als Skizze von Martin Bubers „Ich und Du" kurz dargelegt.

Für uns Menschen gilt: Wir sind zur Beziehung, zur Begegnung geboren. Das ist Bestandteil unserer Existenz. Ich-Du ist als eine Worteinheit zu verstehen, jedes Teil darin bedingt das andere. Ein „Ich" kann sich ohne ein „Du" nicht recht entfalten, bleibt in sich gekehrt, verkümmert. Ein Kind verkümmert ohne das „Du" seiner Mutter, seines Vaters, ohne ein „Du" von wichtigen Bezugspersonen, Freundinnen und Freunden, Lehrerinnen und Lehrern, Mentoren. Unser aller „Ich" braucht es, „Du" zu sagen, um zu werden und sich weiter zu entfalten.

„Das Du begegnet mir. Aber ich trete in unmittelbare Beziehung zu ihm. So ist Beziehung Erwähltwerden und Erwählen, Passion und Aktion in einem. ... Das Grundwort Ich-Du kann nur mit ganzem Wesen ge-

sprochen werden. Die Einsammlung und Verschmelzung zum ganzen Wesen kann nie durch mich, kann nie ohne mich geschehen. Ich werde am Du; Ich werdend spreche ich Du. Alles wirkliche Leben ist Begegnung."
(Buber 1983, 18)

Jugendliche finden in der zunehmend mit eigenen Problemen beschäftigten Erwachsenenwelt allerdings immer weniger Partnerinnen und Partner für Du-Beziehungen.

Du-Beziehungen können auch zu allen Dingen in der Welt eingegangen werden, wenn eine innere Bedeutung gespürt wird z. B. zum „Du" eines Baumes, um den Kinder spielen oder auf den sie klettern, das „Du" eines Tieres oder Stofftieres, um ihm „alles" erzählen zu können, oder das „Du" zur Begrüßung von Gedanken, Ideen, Tätigkeiten, Erkenntnissen, für die Kinder sich begeistern. Für Jugendliche können es ebenso die alten Lieblingstiere, -bücher oder Spielorte sein. Dann mag es weitergehen mit dem Du-Verbundensein in der Welt. Es sind „Liebe Dinge", wie der österreichische Schriftsteller Karl Heinrich Waggerl (1956) sie in seinem gleichnamigen Büchlein beschreibt, die erste Mofa vielleicht, ein Tagebuch, das eine oder andere Musikstück, das kuschelige Bett, vertraute Gefühle, persönliche Gestaltungen, Erkenntnisse oder Entdeckungen.

Die Anzahl erwählbarer Du-Beziehungen ist schier unendlich. Nur bleibt bei vielen Jugendlichen das Erwählen weitgehend aus. Dann sind etliche umgeben von materiellem wie medialem Überfluss, streben nach dem Neustem oder dem (angeblich) Besten und fühlen sich dennoch leer. Wertlosigkeit breitet sich aus, sowohl was die Achtung gegenüber den Gegenständen und Kulturgütern anbelangt, als auch in Bezug auf die eigene Person und Personen in der persönlichen Umgebung. Du-Beziehungen sind von Zugehörigkeit, Intensität und Gegenwärtigkeit gekennzeichnet.

> „Beziehung ist Gegenseitigkeit. Mein Du wirkt an mir, wie ich an ihm wirke. Unsre Schüler bilden uns, unsre Werke bauen uns auf. … Wie werden wir von Kindern, wie von Tieren erzogen! Unerforschlich einbegriffen leben wir in der strömenden All-Gegenwärtigkeit." (Buber 1983, 23)

Eine Person, die zu anderen Personen, zur Natur, zu Kunst- und Gedankenwerken in Beziehung tritt, erfüllt ihr Leben mit Begegnungen, mit Du-Erlebnissen, wächst und entfaltet sich als Person. Das „Ich" wird gestärkt und realer durch seine Teilnahme an der Wirklichkeit einer anderen Person: „Der Mensch wird am Du zum Ich."

Im Augenblick der Begegnung schwingt etwas zwischen zwei Personen. Jede erlebt sich tiefer, lebendiger, kraftvoller und geht sinnerfüllter aus der Begegnung hervor. Wer hat nicht schon einmal solche, manchmal blitzartigen Änderungen gesehen, wenn einem Kind mitten in die Langeweile des

Alleinseins ein Freund oder eine Freundin hereinplatzt oder wenn wir Gelegenheit haben, mit einer Person zusammenzusein, die uns viel bedeutet.

Begegnung bringt die Menschen in die Gegenwart. Ganz in der Gegenwart, manchmal nur einen Moment lang, springt ein Funke über von Person zu Person, schwingt etwas Verbindendes, Erweckendes, Intensivierendes zwischen beiden, entsteht Resonanz.

> Hierzu ein Beispiel aus der jugendpsychiatrischen Abteilung eines großen Krankenhauses. Inge, 17 Jahre, erzählt von einem Ereignis, das sie sehr berührt hat.
>
> „Es ging mir total schlecht an diesem Tag in der Klinik. Alles in meinem Körper fühlte sich grau an. Müde schleppte ich mich die Treppe zum Frühstück hoch. Oben stand Gerd. Seine Hände zitterten, wohl auch voller innerem Grauen – mit der vielen Medizin schmerzt die Seele ja doppelt im Körper.
>
> Als wir uns nah waren, hob er den Kopf, sah mich kurz an, mit einem Funken Freude im Blick und sagte mit weicher, zarter Stimme meinen Namen. Das ging mir durch und durch. Ich fühlte mich verstanden, erkannt, gemeint, mit ihm verbunden. Einen kurzen Moment waren alle Lästigkeiten im Körper vergessen. ‚Gerd', antwortete ich ihm voller Freude. Irgendwie waren das Wärmestrahlen im öden Klinikalltag. Anschließend kauten wir bei Tisch nebeneinander unser Brot vor uns hin. Zu einer Unterhaltung waren wir beide nicht in der Lage."

Solch ein gegenseitiges Sich-Finden in der Begegnung lässt sich nicht als Dauerzustand konservieren. Wir können offen sein für Begegnungen, aber wir können sie nicht erzwingen. Wir können uns geben und bereit sein, zu empfangen, aber die Begegnung selbst ist ein Geschenk; wenn sie sich einstellt, öffnet sie uns den Zugang zu unserem Wesen und dem unseres „Du"-Partners beziehungsweise unserer „Du"-Partnerin. Oft können wir das, was in diesem Miteinander geschieht, nicht so recht begreifen oder in Worte fassen, und doch lassen sich Konturen ausmachen, mit denen die Freude- und Glücksgefühle, die sich in einer solchen Situation einstellen können, zusammenhängen: Wir fühlen uns verbunden, sind geistig und körperlich gegenwärtig und spüren etwas Heiles und Ganzes in uns.

2.6.2 Ich-Er-Sie-Es-Verhältnisse

Oft und gerade in der Erwachsenenwelt sind Begegnungen seltener geworden. Mitmenschen und Umwelt werden in überhöhtem Maße versachlicht. Bis zu einem gewissen Grad kommen wir um eine solche Versachlichung von Lebewesen oder Gegenständen nicht herum. Wissenschaftliche Aussagen über Menschen oder Klassifikationen in der Biologie haben diesen Charakter, auch museale oder materielle Ansammlungen. Wenn wir eine Person versachlichen, wenden wir beträchtliche Aufmerksamkeit und Intensität von ihr ab. Wir stehen nicht mehr in direkter Verbindung zu ihr, sagen nicht mehr „Du" sondern sprechen von ihr oder über sie. Indirekte Ich-Er-, Ich-Sie-, Ich-Es-Verhältnisse entstehen. Der Unterschied ist deutlich spürbar, ob wir direkt angesprochen werden – „Da bist du ja!" – oder ob unsere Anwesenheit indirekt festgestellt wird – „Da ist er", „Da ist sie", „Da ist es" (das Kind).

Auf Dauer kann die indirekte, entfernende Umgangsweise dazu führen, dass wir an uns potentiell bedeutsamen Personen vorbeileben, dass wir ihnen nicht begegnen, sondern ver-gegnen, wie Buber schreibt. Solche Vergegnungen treten auf, wenn Personen lediglich in ihrer Funktion wahrgenommen (als Konsumentinnen / Konsumenten, als Patientengut, als Aushilfskräfte, als Vorgesetzte usw.) und nur daran gemessen werden, wie nützlich sie für bestimmte Abläufe sein können. Dies ist wertversagend und lässt ein Leben leer werden. Betroffene können dies als sehr schmerzlich erleben. Entsprechend unlebendig ist es, für Erwachsene wie für Jugendliche, lediglich Ich-Er-, Ich-Sie- oder Ich-Es-Verhältnisse zu pflegen. Die kurze Befriedigung eines Kaufrausches ist hierfür ein Beispiel. Die Schränke sind voller Schuhe, Caps, Geräte oder was es sonst sein mag, aber kaum ein Gegenstand kann dabei zum „Du" erwählt werden.

> „Gegenwart, nicht die punkthafte, die nur den jeweilig im Gedanken gesetzten Schluß der ‚abgelaufenen' Zeit, den Schein des festgehaltenen Ablaufs bezeichnet, sondern die wirkliche und erfüllte, gibt es nur insofern, als es Gegenwärtigkeit, Begegnung, Beziehung gibt. Nur dadurch, daß das Du gegenwärtig wird, entsteht Gegenwart. Das Ich des Grundworts Ich-Es, das Ich also, dem nicht ein Du gegenüber leibt, sondern das von einer Vielheit von ‚Inhalten' umstanden ist, hat nur Vergangenheit, keine Gegenwart. Mit anderm Wort: insofern der Mensch sich an den Dingen genügen läßt, die er erfährt und gebraucht, lebt er in der Vergangenheit, und sein Augenblick ist ohne Präsenz. Er hat nichts als Gegenstände; Gegenstände aber bestehen im Gewesensein. Gegenwart ist nicht das Flüchtige und Vorübergleitende, sondern das Gegenwartende und Gegenwährende. Gegenstand ist nicht die Dauer, sondern der Stillstand, das Innehalten, das Abbrechen, das Sich versteifen, die Abgehobenheit, die Beziehungslosigkeit, die Präsenzlosigkeit. Wesenheiten werden in der Gegenwart gelebt, Gegenständlichkeiten in der Vergangenheit." (Buber 1983, 19f.)

Distanzierter werdende indirekte Ich-Er-, Ich-Sie-, Ich-Es-Verhältnisse bestimmen auch die Art und Weise, wie im Städtebau oder mit der Natur und der Umwelt umgegangen wird. Überfunktionalisierung und auch Professionalisierung zahlreicher Lebensvollzüge können aus den Fugen geraten, Beziehungen gefährden und unsere Lebenswelt – wie die der Kinder und Jugendlichen – unlebendig werden lassen.

2.6.3   Zu einer Balance finden

Aus einer solchen Fehlentwicklung können wir heraustreten, wenn wir unnötige Instrumentalisierungen von Personen sowie ihre Entfremdung von sich selbst, voneinander und von ihren Tätigkeiten abbauen helfen. Wir haben ja die Wahl, eine Person nicht ausschließlich in der Funktion zu behandeln, in der wir zu ihr in Beziehung treten oder sie zu uns. Wir können einander bei all unseren Tätigkeiten in unserem Menschsein mitwahrnehmen, Begegnungen zulassen und auf dieser Grundlage an die Sachaufgaben herantreten, die wir zu bearbeiten haben. Auch eine Sachaufgabe lässt sich als „Du" ansprechen. Sie kommt uns dadurch näher, wir geben uns intensiver ein, und wir können dieses „Du" erweitern, zu einer gemeinsamen Aufgabe. In die Krise geratene junge Menschen können auf diesem Wege wieder Tritt fassen. Eine Ich-Du-Beziehung zu einer Bezugsperson, die sich von ihrer Seite gleichfalls in die Begegnung einlässt, wäre die Basis. In ihrem Kontakt mit betroffenen Jugendlichen sind Tätigkeiten und Aufgaben zu finden und zu erproben, zu denen die Jugendlichen eine für sie stimmige Ich-Du-Beziehung aufbauen können, so dass sie motiviert sind, sich darin weiter zu entwickeln. Von solchen Erfahrungen aus hat eine weitergehende, eigeninitiierte konstruktive Lebensgestaltung gute Chancen, wie auch die Beratungsbeispiele in diesem Buch zeigen.

2.7   Engagement „Für"

Kinder und Jugendliche haben ein feines Gespür dafür, welche Haltung jemand ihnen gegenüber einnimmt. Ein abschätziger Blick oder eine herablassende Haltung genügt da schon und die Weichen sind auf Distanz, auf eine Gegenabwertung oder auf „frozzelige" Bemerkungen gepolt. All dies noch bevor das erste Wort gefallen ist. Mit dem ersten gesprochenen Wort kommt die Stimmqualität hinzu. Sie verrät in besonderem Maße, welche Haltung, welche innere Wahrheit bei einer Person gegeben ist. Solche ganzheitlichen Wahrnehmungen begleiten das „offizielle" Kommunikationsgeschehen mit Wortinhalten. Diese spielen dann für Jugendliche bei der weiteren Gesprächsdynamik in vielen Fällen eine untergeordnete Rolle. Es kommt auf das „Wie" der Signale an, auf die sogenannte analoge Kommunikation. Anspannung, Zorn, Bewertungen, fest gefügte Erwartungen

„So hast du zu sein", aber auch Freude, entspanntes Vertrauen oder Zuversicht sind in vielfältigen Ausdrucksformen wahrnehmbar und übertragen sich in abgeschwächter Form als analoge Empfindungen auf eine andere Person.

Auf analoge Weise spüren Jugendliche ebenfalls sehr schnell, wenn eine Person sie mag und für sie ist. Auch feine, aber wesentliche Unterschiede bemerken sie rasch, etwa ein überbehütendes, Freiheit beschneidendes oder hierarchisch vorgegebenes „Es ist doch *für* dich". Dagegen setzen sie sich zur Wehr oder wenden sich enttäuscht ab.

Demgegenüber trifft es bei Kindern und Jugendlichen auf ein tiefes Bedürfnis, als Person wirklich gemeint zu sein, zu erleben, dass eine erwachsene Person sie anerkennt, ihnen von Mensch zu Mensch begegnet und wirklich für sie ist. Nach schlimmen und enttäuschenden Erfahrungen benötigen sie allerdings etliche Zeit, um glauben zu können, dass es stimmt, wonach sie sich so sehr gesehnt haben. Sicherheitshalber wird das noch mehrmals ausgetestet. Wenn es sich dann als zutreffend und vertrauenswürdig erweist, dass eine erwachsene Person wirklich für sie ist, dann sind viele bereit, sich an diesem Für „aufzutanken". Sie sind gerne mit dieser Person zusammen, hören auf sie, wollen von ihr lernen und stellen ihr all die Fragen, mit denen sie sich zuvor allein „herumgeschlagen" haben.

Wie existentiell bedeutsam, ja sogar lebensrettend ein engagiertes „Für" sein kann, beschrieb Viktor Frankl eindrucksvoll in einem Vortrag in Hamburg (hier dem Sinn nach aus dem Gedächtnis wiedergegeben):

> Spät in der Nacht rief eine Patientin Viktor Frankl bei ihm zu Hause an. Sie wirkte sehr in Not. Im Verlauf des Gesprächs gab sie deutlich zu verstehen, dass für sie das Leben keinen Sinn mehr hätte, dass sie nicht mehr weiterleben wollte. Viktor Frankl nahm sich die Zeit, ihre Not und Verzweiflung anzuhören: Sie gab ihm zu verstehen, daß sie nicht mehr dabei sein wolle in einer Welt voller Ungerechtigkeiten und grausamen Ausschreitungen. Frankl würdigte ihr Mitleiden. Er versuchte ihr den Sinn gerade ihrer Existenz zu vermitteln: „Einen solch besonderen Menschen, der die Schrecknisse nicht einfach hinnimmt, der sich darüber empört, sich auflehnt, daran verzweifelt, den wollen Sie einfach wegwerfen?"
>
> Es entspann sich ein intensives Gespräch darüber. Am Ende wurde ein Sprechstundentermin für den nächten Tag vereinbart.
>
> Die Frau erschien zu dem Termin. Sie sagte sogleich: „Herr Doktor, bilden Sie sich bloß nicht ein, Sie hätten mich mit Ihren Argumenten überzeugt, am Leben zu bleiben. Ich habe natürlich gleich gemerkt, wie Sie mir Lebenssinn und Halt vermitteln wollten. Nein, das war es nicht. Aber dass ein Mensch sich mitten in der Nacht und über eine Stunde Zeit für mich nimmt, mich anhört, sich mit seiner ganzen Kraft und seinem Können für mich einsetzt, das hat mir Vertrauen in die Welt zurückgegeben."

Auch in einfachen, kleineren Gesten und Begebenheiten kann sich Engagement für eine Person als durchaus wirksam erweisen. Dazu ein authentischer Bericht über einen Jugendlichen, der mit einem psychotischen Schub einige Wochen in einer psychiatrischen Klinik zubringen musste. Auf seinem Weg zu erneuter Stabilität und Gesundheit gab es ein Auf und Ab. An einem seiner Tiefpunkte erfuhr er das „Engagement für" einer Gruppe von jugendlichen Mitpatientinnen und Mitpatienten.

> Alexander war total durchgeschüttelt vor Angst. Er lag im Bett voller Grauen, Zittern, betäubt von Medikamenten. Er wollte niemanden sehen und hören.
> Die Reittherapiegruppe aus der Klinik, der er angehörte, bevor die Angst so mächtig wurde, vermisste ihn am Pferdestall, ihrem Treffpunkt. Sie beschloss zu ihm zu gehen. Die psychisch erkrankten Jugendlichen klopften an Alexanders Tür. Nichts regte sich. Sie öffneten die Tür, blieben zunächst in der Tür stehen. Alexander hatte sich gänzlich in seine Zudecke verkrochen. Doch seine Augen lugten hervor. Die Gruppe wagte sich Schritt für Schritt auf sein Bett zu. Zaghafte Blicke wurden gewechselt, im Näherkommen lebhafter. Alexander fand ein Lächeln. Dann standen seine Gefährtinnen und Gefährten um sein Bett, berührten ihn an Bauch und Schultern, stupsten ihn, lockten ihn mitzukommen.
> Eine halbe Stunde ging das so. Doch Alexander machte deutlich, dass er diesen Tag nicht mitkommen konnte und verkrochen bleiben wollte. Er wurde respektiert.
> Die Gruppe verabschiedete sich und ging. Alexander mühte sich zum Fenster. Er blickte den anderen nach und winkte. Die Gruppe drehte sich im Weggehen mehrmals um und winkte zurück.

Bei den Irritationen, Ängsten und schmerzhaften körperlichen Missempfindungen in Alexanders Lage zu diesem Zeitpunkt konnten ihm seine Gefährten und ihr Bemühen, ihn dazuzuholen vermitteln, dass er ihnen viel bedeutet, dass er nicht vergessen ist, dass die Realität, die er als so schrecklich erlebt, durchaus freundlich und aufrichtig für ihn sein kann.

Engagement „für" kann Lebenswege junger Menschen bahnen. Hier kommt insbesondere auch der Schule eine große Bedeutung zu. Bekanntlich erinnern Schulabgängerinnen und Schulabgänger einige Jahre danach nur wenige positive didaktische Details aus ihrer Schulzeit, wohl aber noch Jahrzehnte danach, wenn eine Lehrerin, ein Lehrer ihnen persönlich zugeneigt war oder sie unterstützt hat. Positive Erinnerungen sind zu gut 80 % an solche Lehrerinnen und Lehrer geknüpft, die als menschlich fair, wohlmeinend und unterstützend erlebt wurden. Hier ein Beispiel aus persönlichen Gesprächen mit türkisch-stämmigen Jungakademikerinnen und

Jungakademikern darüber, wie sie ihren Weg zur Hochschulreife geschafft haben (Wendtland 2002, 124 ff.):

„Nach der Grundschule hatte Beyhan eine Empfehlung für die Realschule. Dort fühlte sie sich aber fehl am Platze. ‚Ich bin nach der Grundschule in die Orientierungsstufe gegangen, zwei Jahre lang, und ich habe ja das beste Zeugnis gehabt, und die Lehrerin hat mich trotzdem für die Realschule empfohlen. Und in der Realschule war ich total fehl am Platze. Es hat mir keinen Spaß gemacht, war keine Herausforderung, hatte nur Stress mit den Lehrern, die haben mich immer rausgeschmissen. Aber ich hatte einen sehr guten Direktor, der wohl gemerkt hat, dass da irgend etwas anderes läuft, als dass ich einfach nur aufmüpfig bin. Er meinte so, ich müsste unbedingt mal auf das Gymnasium gehen, ich könnte das ja mal ausprobieren ‚und wenn das nicht geht, dann kommst du wieder, ist doch kein Problem'. Und ich so, ‚aufs Gymnasium, aber die [Grundschul-] Lehrerin hat das doch nicht gesagt.' – ‚Ist doch egal, probier es doch einfach mal.' Und dann bin ich dahin. Und da habe ich in den ersten anderthalb Jahren große Schwierigkeiten gehabt. Ich kam aus einer Gegend, wo die Kinder langsamer lernen. Nicht langsamer lernen, sie kriegen einfach weniger Stoff mit, weil die Sprache bei ihnen nicht richtig sitzt, andere Schwierigkeiten auftauchen etc., etc. Dadurch war natürlich der Stand meines Wissens nicht sehr hoch. Die Kinder auf dem Gymnasium kamen aus E., aus N., das waren so Kinder, bei denen Deutsch ihre Muttersprache war.'
    Beyhan gefiel das Gymnasium gut. Sie hat dort engagierte Lehrer getroffen. Einer hat ihr und anderen türkischen Mädchen in seiner Freizeit Deutschunterricht gegeben. ‚Das war eine gute Schule, sehr sozial orientiert mit einem hohen Ausländeranteil. Aber auch sehr guten Lehrern, Pädagogen aus den 68ern, das waren sehr gute Lehrer. Ich bin sehr froh, dass ich auf diese Schule gekommen bin, das war eine ganz tolle Schule. Ich hatte auch so einen Lehrer, auch aus den 68ern, und der hat sich sehr darum bemüht, es gab da noch drei andere türkische Mädchen, uns die deutsche Sprache zu lehren. Der stand freiwillig morgens um sieben auf der Matte und hat mit uns Deutsch-Fördern gemacht. Das fand ich schon ganz klasse. Und so schlecht haben wir Deutsch nicht gesprochen. Wir konnten das nur nicht hinschreiben. Wir haben geschwafelt und nicht geschrieben, geschwafelt beim Schreiben. Und dann hat er sich bemüht, dass wir halt nicht schwafeln, sondern schreiben. Wir konnten das in beiden Sprachen nicht. Weder im Türkischen, noch im Deutschen. Das ist schon echt krass.'"

Auch Eltern können in dieser Hinsicht bedeutsam sein. Einer der Schüler in der Hamburger Studie zur Gewalt an Schulen äußert sich später dankbar über ein Durchgreifen seiner Mutter, als er in ein äußerst gewaltbereites Milieu hineingerutscht war (Krebs 1994, 122):

> „Ein Schüler teilt Chris' Erfahrung, mit Unterstützung der Eltern seine gewaltfördernde Umgebung verlassen zu haben. … ‚Ich war ja vorher in dieser Gruppe in dem Stadtteil, und das war ja echt der falsche Umgang für mich! Also ich hab mich nachher echt asozial verhalten, hat meine Mutter schon fast gesagt; ich hab so: ‚Schnauze!' und so gesagt – also ich hatte völlig kein Benehmen, egal wem gegenüber: Mitmenschen, allen. Also mein Verhalten war gestört sozusagen. Und meine Mutter hat mich dann aus diesem Milieu so rausgerissen, gegen meinen Willen zwar, aber sie hatte genug Weitsicht, um das auch zu sehen. Ja, und das hat mir echt meine Zukunft gerettet, würd ich fast sagen. … Und dann war ich nachher überglücklich, dass ich hier hergekommen bin. Das Schulklima war für mich noch nie besser! Denn wär ich da geblieben – weiß nicht, ob ich dann jetzt so'n gutes Zeugnis gehabt hätte, oder dass ich mein Abi wirklich schaffe oder so: Jetzt bin ich mir sicher, dass ich das pack – damals war ich mir nicht sicher!'"

Die Betreuung des kurdischen Jungen Addo (Kapitel 2.10) sowie von Arne (Kapitel 2.11) sind weitere Beispiele, dass ein Begleiten und Beraten von Jugendlichen ohne Engagement *für sie* eigentlich gar nicht möglich ist.

2.8 Freiheit unterstützen, Grenzen setzen, Wahlmöglichkeiten erschließen

2.8.1 Freiheit zur Selbstentfaltung

„Lernen in Freiheit" („Freedom to Learn") heißt eines der maßgeblichen Bücher von Carl Rogers zur Pädagogischen Psychologie. Freiheit, so Rogers, ist unerlässlich, damit eine Person ihre Aktualisierungstendenz wahrnehmen sowie ihre Strebungen und Handlungsschritte danach ausrichten kann. Er spricht vom persönlich bedeutsamen, auf selbstgesteuerte Erfahrungen beruhenden („signifikanten") Lernen und definiert dieses in folgender Weise:

- „Es schließt persönliches Engagement ein – die ganze Person steht sowohl mit ihren Gefühlen als auch mit ihren kognitiven Aspekten im Lernvorgang.
- Es ist selbst-initiiert – sogar dann, wenn der Antrieb oder der Reiz von außen herrührt, kommt das Gefühl des Entdeckens, des Hinausgreifens, Ergreifens und Begreifens von innen.

- Es durchdringt den ganzen Menschen – es ändert das Verhalten, die Einstellungen, vielleicht sogar die Persönlichkeit des Lernenden.
- Es wird vom Lernenden selbst bewertet – er weiß, ob es sein Bedürfnis trifft, ob es zu dem führt, was er wissen will, ob es auf den von ihm erlebten dunklen Fleck der Unwissenheit ein Licht wirft. Wir könnten sagen, dass der geometrische Ort des Bewertens zweifelsfrei im Lernenden selbst liegt.
- Sein wesentlichstes Merkmal ist Sinn – wenn derartiges Lernen stattfindet, dann ist in der gesamten Erfahrung enthalten, dass der Lernende Sinn darin sieht." (Rogers 1974, 13)

Die begrüßte und unterstützte Freiheit einer Person zu ihrer Selbstentfaltung und Selbststeuerung ist bedauerlicherweise keineswegs gang und gäbe. Im Gegenteil. Wenn wir beruflich mit Jugendlichen zu tun bekommen, sind diese zumeist nur geringfügig im Kontakt mit ihrem körperlich wahrnehmbaren (organismischen) Lebensgefühl, ihren spürbaren Werde-Potentialen, sowie der Ausrichtung ihrer Gedanken, Gefühle und Handlungen gemäß ihrer Individualität und ihrer persönlichen Lebensziele. Etliche Jugendliche sind in ihrer Aufmerksamkeit fehlgeleitet, resigniert passiv oder aggressiv zerstörerisch – all das wurde in den vorigen Kapiteln bereits beschrieben. Zudem läuft die Lebensentwicklung mental-kognitiv sowie körperlich-seelisch, verstärkt noch durch ein „nicht artgemäßes" Umweltgefüge, asynchron, so dass die geäußerten Gedanken, Gefühle oder Handlungen von Jugendlichen seltsam anmuten können.

Rogers beschreibt an einem Bild, wie auch bei einschränkenden Lebensbedingungen die unbändige Kraft, leben und werden zu wollen, wirksam wird.

„Die Aktualisierungstendenz kann zwar behindert, aber sie kann nicht zerstört werden, ohne den Organismus zu zerstören. Ich erinnere mich, daß sich in meiner Kindheit die Kiste, in der wir unseren Wintervorrat an Kartoffeln aufbewahrten, im Keller befand, etwa einen Meter unter dem kleinen Kellerfenster. Die Bedingungen waren ungünstig, aber dennoch begannen die Kartoffeln zu treiben – blasse, weißliche Schößlinge, so ganz anders als die gesunden grünen Triebe, die hervorsprießen, wenn sie im Frühjahr in das Erdreich gepflanzt werden. Aber diese kümmerlichen dünnen Sprößlinge wuchsen dennoch über einen halben Meter hoch auf das Licht des Fensters zu. Ihr bizarres vergebliches Wachstum war gleichsam ein verzweifelter Ausdruck der Entfaltungstendenz, von der ich gesprochen habe. Sie würden nie zu einer Pflanze werden, nie heranreifen, nie ihr eigentliches Potential erfüllen. Aber auch unter den ungünstigsten Umständen strebten sie nach dieser Erfüllung. Das Leben gibt nicht auf, selbst wenn es nicht zur Blüte gelangen kann. Im Umgang mit Klienten, deren Leben fürchterlich verkrüppelt ist, bei der Arbeit mit Männern und Frauen in den hintersten Gebäuden psychiatrischer Krankenhäuser denke ich oft an diese Kartoffelschößlinge. Diese Menschen haben sich unter so ungünstigen Bedingungen entwickelt, daß ihr Leben oft abnormal, mißgestaltet, kaum menschlich erscheint. Doch auch auf ihre Selbstverwirklichungstendenz ist Verlaß. Der Schlüssel zum Verständnis ihres Verhaltens ist, daß sie mit den wenigen ihnen zur Verfügung stehenden Mitteln und Wegen danach streben, zu wachsen und sich zu entfalten, zu ‚werden‘. Uns mögen die Resultate bizarr und sinnlos erscheinen, aber es sind die verzweifelten Versuche des Lebens, sich selbst zu realisieren.“ (Rogers 1986, 18 f.)

2.8.2 Freiheit, Grenzen und Wahlmöglichkeiten wachsen mit Jugendlichen mit

In den Axiomen zu ihrer Interaktionspychologie (der Themenzentrierten Interaktion, TZI) hat Ruth Cohn die Zusammengehörigkeit von Freiheit und Grenzen deutlich gemacht. Ihr 3. Axiom lautet: „Freie Entscheidung geschieht innerhalb bedingender innerer und äußerer Grenzen. Erweiterung dieser Grenzen ist möglich.“ (Farau / Cohn 1984).

Es gibt also in jeder Lebensphase adäquate Begrenzungen für eine von einem sich entwickelnden Menschen optimal zu nutzende Freiheit. Bereits das Werden eines Kindes im Bauch seiner Mutter geschieht in der adäquaten Begrenzung der Wandungen der Gebärmutter. In diesem Zueinander von Freiheit und Begrenzung wächst ein Kind auf. Wenn es etwa zwei Jahre alt ist, käme es sich z. B. allein in der Weite und Vielfalt eines großen Marktplatzes verloren vor. Auf einem großen Bahnhof mit all den Wahlmöglichkeiten ebenfalls. Es hätte hier keine adäquate äußere Begrenzung und könnte infolge seiner noch starken inneren Begrenztheit wahrscheinlich überhaupt keine freie Entscheidung treffen. Freiheit ohne äußere Begrenzungen, die auf den innerseelisch begrenzten Entwicklungsstand abgestimmt sind, kann sich überfordernd sowie lähmend auswirken und sich ins Gegenteil kehren, in Erschrecken, innere Unfreiheit und Verkennung von Wahlmöglichkeiten. Die Spielecke oder das Kinderzimmer mit überschaubaren Spielsachen bieten einem zweijährigen Kind eine angemessen begrenzte Freiheit mit den Wahlmöglichkeiten für eine längere Beschäftigung; äußere und innere Grenzen sind hier aufeinander abgestimmt. Zunehmend erweitert ein Kind seine inneren und äußeren Grenzen sowie seine Wahlmöglichkeiten. Im Schulalter kann es schon selbständig die Verkehrsmittel seiner Wohngegend benutzen, um zum Sportverein, Musikunterricht, Schachclub oder Jugendzentrum zu gelangen, einschließlich der Benutzung seines Fahrrades oder des Weges zu Fuß. Eine Reise allein nach Paris wäre für das Schulkind nicht begrenzt genug. Es dürfte deutlich geworden sein: Freiheit, innerseelische und äußere Grenzen bedürfen eines gemeinsamen Wachstumsprozesses bis hin zur gereiften inneren und äußeren Freiheit einer erwachsenen Person. Für diese geht die Entwicklung dann natürlich weiter.

Jugendliche probieren sich an den äußeren Grenzen aus, spüren dabei ihre inneren Grenzen und Variationen der Freiheit und Wahlmöglichkeiten ihrer nächsten Entwicklungsschritte. Das gehört zu dieser Lebensphase und will von den zuständigen Erwachsenen einfühlsam, mit Augenmaß und in Beziehung zu den Jugendlichen begleitet werden. Bei Grenzregelungen mit Jugendlichen, Gesprächen angesichts von Grenzüberschreitungen sowie die Ankündigungen und Einhaltung von Konsequenzen kann es hilfreich sein, folgende Punkte zu beachten:

- Ist das alltägliche Lebensgefüge der heranwachsenden Person haltgebend? Dazu gehört es, dass die Person ihren Platz in der Wohn- und Lebensgemeinschaft hat, willkommen geheißen und gern gesehen ist sowie unbestritten zu der Gemeinschaft dazugehört. Gibt es geregelte Rhythmen wie Mahlzeiten, Lern- und Arbeitszeiten (z. B. Schule, Schulaufgaben, Schlafenszeiten usw.)?
- Steht zumindest eine erwachsene Person tragfähig mit der jugendlichen Person in Beziehung? Ist sie für die jugendliche Person zuverlässig erreichbar und ansprechbar? Befindet sich eine solche Beziehung zumindest in einem Entwicklungsprozess?
- Steht die Bezugsperson zu sich, zu ihren Gefühlen und eigenen inneren wie äußeren Begrenzungen? Mit dem, was ich tragen, ertragen und verantworten kann, teile ich mich dem jungen Menschen offen mit und erwarte, dass er diese meine Grenzen respektiert. Dies ist keine autoritäre Grenzsetzung aus einer hierarchischen Machtstruktur. Gegen eine solche reagieren Jugendliche eher auflehnend oder missachtend. Es ist vielmehr meine Grenze in der Beziehung und sie besteht mit der Beziehung. Als Beispiel mag der abendliche Besuch von Jugendlichen in einer Diskothek dienen. Persönliche Grenzen seitens der Bezugsperson liegen z. B. in Themen wie „Weiß ich wo und mit wem du bist?" „Gibt es Gefährdungen durch Rauschmittel oder Gefahren auf dem Nachhauseweg?" „Kannst du mich, kann ich dich zur Not per Handy erreichen?" „Kannst du hinterher genügend ausschlafen?" Und ehrlicherweise oftmals, zumindest seitens der Mütter oder Väter: „Wie lange schaffe ich es, in der Nacht kein Auge zuzumachen, wenn ich Dich nicht zu Hause weiß?" Wenn mit solchen Fragen ignorant, respektlos oder abwertend umgegangen wird, ist die Beziehung sowie der ihr innewohnende begrenzende Halt für den jungen Menschen gefährdet oder verloren. Als begleitende Person von Jugend-

lichen muss ich mich in diesen meinen Grenzen ernst nehmen, zeigen bzw. mich deutlich erklären und Respekt einfordern.

▦ Grenzen sind Berührungspunkte im Kontakt: „Hier stößt du an meine Grenze, verletzt meine Sphäre. Hier müssen wir unser Zusammensein so regeln, dass jede/jeder von uns sich mit den Handlungen und Entscheidungen der jeweils anderen Person wohlfühlen oder zumindest damit ‚leben‘ kann.“

▦ Engagiere ich mich als Bezugsperson in starkem Maße auch für die freudigen, fröhlichen, Spaß machenden und Sinn stiftenden Seiten im Leben der mit mir verbundenen Jugendlichen? Für das Wachstum ihrer Freiheit, die Weitung ihrer inneren und äußeren Grenzen sowie die Zunahme ihrer Wahlmöglichkeiten? Beides kann nur dann glaubwürdig geschehen, wenn ich mich selbst entsprechend wachsend und werdend entwickele sowie auch mein eigenes Erleben als Kind und jugendliche Person präsent halte und einbringe.

Das Thema „Grenzen setzen“ ist angewiesen auf eine hochgradige Redlichkeit in Bezug auf das Streben, Jugendlichen dazu zu verhelfen, ihnen gemäße Lebensentwicklungen zu ermöglichen. Jede Grenzsetzung oder auch die Wechselwirkung, dass eine adäquate äußere Begrenzung zur augenblicklich maximal möglichen Freiheit beiträgt, kann missbraucht werden. Ein Beispiel: Eine engagierte Mutter schlägt ihrem Sohn eine Begrenzung seiner Freizeit am Nachmittag vor: „Wenn du länger für die Schule lernst, verbesserst du deinen möglichen Schulabschluss, bekommst bessere Chancen im späteren Berufsleben, hast bessere Aussichten auf Wohlstand und vielseitigere Wahlmöglichkeiten in deiner Freizeit.“ Der Satz ist, aufrichtig für das Wohl des Jugendlichen gesprochen, wahrscheinlich wahr. Doch er kann auch im eigennützigen Ehrgeiz der Mutter gesagt werden, z.B. im Sinne: „Wenn aus dir mehr wird, verstärkt dies meinen Wert als gute Mutter.“ Jugendliche spüren es irgendwie, zumindest in der Abfolge mehrerer Vorschläge und Grenzsetzungen, was dahinter steht. Fehlende Transparenz und Redlichkeit einer Bezugsperson mindert auf Dauer das Vertrauen der Jugendlichen und schädigt damit auch die Beziehung.

2.9 Die personzentrierte Basis für das Gelingen eines Gespräches

Nun sind die wesentlichen Haltungen und Kräfte zum Gelingen eines Gesprächs mit Jugendlichen, wie überhaupt mit einer anderen Person, angesprochen. Hier noch einmal die wesentlichen Punkte:

Ich stelle mich ein zum Gespräch:
- Spüren meiner selbst, meine Verbindung zum Boden spüren, die Ausrichtung meines Körpers der Erdeschwere anvertrauen (mich „erden"), mich atmen lassen, mich be-sinnen, mich be-grenzen (meine Hautgrenzen spüren), in meine Mitte kommen – meditieren, all dies in mir aufnehmen und tief und nachhaltig spüren: „Ich lebe."
- „Ich bin".
- Dich an deinem Platz als „du" wahrnehmen. (Es hilft mir dabei, wenn du auch dich spürend bei dir bist).
- Einen Moment der Ruhe zulassen in unserem Miteinander. Wir atmen gemeinsam, kon-spirieren, und nehmen einander und uns selbst wahr.
- Noch bevor einer von uns zu sprechen anfängt, kann etwas entstehen, etwas in und zwischen uns, für diesen Moment, an diesem Ort, in dieser Situation.
- Ich bleibe in dieser Weise achtsam.
- Ich halte meine Aufmerksamkeit bei mir, bei dir, bei unserem „Zwischen-uns" in diesem Moment, an diesem Ort, in dieser Situation.

Ich beginne zu dir zu sprechen, dir zu berichten, dir zu erzählen, was mich bewegt:
- Ich vergegenwärtige mir Sinne-lich, worüber ich sprechen möchte und was dieses mir bedeutet.
- Ich versuche, dich „an die Hand zu nehmen" und dich mit mir mitzunehmen, an den Ort, an das Geschehen, zu dem Thema hin, worüber ich spreche, dich mitzunehmen mit deinen Sinnen, mit deiner Gefühls- und Urteilskraft.
- Dazu wähle ich eine geschehensnahe, konkrete, Sinne-volle Ausdrucksweise.
- So kann ich mein Thema mit dir teilen, mich dir mit-teilen.
- Ich bleibe achtsam dafür, ob du mich noch mit deiner Aufmerksamkeit begleiten kannst. – Bitte signalisiere mir, wenn unsere Mit-Teilungs-Verbindung für dich zu unterbrechen scheint.

Ich höre dir zu:
- Ich bin dir zugewandt.
- Ich bin achtsam für mich, für dich, für unser „Zwischen-uns" in diesem Moment, an diesem Ort, in dieser Situation.
- Ich höre dir zu, mit meiner ganzen Person, mit meinen mir zugänglichen Erfahrungen, mit meiner persönlichen Entwicklungsgeschichte.
- Ich folge deiner Einladung, mit dir mitzukommen, dorthin, worüber du sprichst, dich mit meinen Sinnen, mit meiner Gefühls- und Urteilskraft zu begleiten, in dem, was du mit mir teilst, mir mitteilst.

- Ich bin wirklich für dich da, in diesem Moment, an diesem Ort, in dieser Situation.
- Ich zeige dir, sage dir, drücke aus, was ich erlebe, wenn ich mit dir innerlich mitgehe, zu dem Ort, dem Geschehen, dem Thema, worüber du sprichst. – Bitte signalisiere mir, wenn du mich nicht mehr mit dir verbunden fühlst.

Verbunden sein und Anteil nehmen:
- Wir bilden – es entsteht – auf diese Weise in unserem Miteinander eine zunehmend spürbare Qualität in mir, in dir, in unserem Miteinander sowie mit unserem Thema.
- Diese „Ich-Du-Wir-Gestalt im gegenseitigen Anteilnehmen" ist in diesem Augenblick, an diesem Ort, in dieser Situation wirklich (im Sinne von wirkend).
- Wirkend heißt auch Entwicklung über unser Gespräch hinaus, als Anknüpfungs-Erfahrung für weitere Gespräche sowie als Wachstumsimpuls für uns selbst, für unser Miteinander und – allemal – für unseren Sachverstand in den mitgeteilten Belangen, den Anliegen und Themen, die uns bewegen.

Die folgenden Beispiele von Addo und Arne veranschaulichen die Chancen von Beziehung, Freiheit und Begrenzung, Engagement „für" sowie von Entwicklungsangeboten zum „Sein" und zum „Werden".

2.10 Ringen um Wahlmöglichkeiten – Beispiel der Betreuung von Addo

2.10.1 Addos Schwierigkeiten

Addo ist 11 Jahre alt. Er geht auf die Sonderschule. Er hat vier jüngere und drei ältere Geschwister. Die Mutter ist allein erziehend. Sie ist in einer sehr schwierigen Situation, da sie sich von ihrem Mann getrennt hat. Als Muslimin ist sie somit geächtet. Sie ist auch zivilrechtlich geschieden, aber nicht nach dem Islam, was ihr Mann auch nicht will. Sie darf keinen neuen Mann kennen lernen und wurde deshalb auch schon in der Stadt von der Familie des Mannes angespuckt. Sie ist sehr allein.

Die Wohnverhältnisse sind ärmlich. Addo teilt sich mit zwei Geschwistern ein Zimmer. In dem Zimmer ist ein Fernseher. Der Fernseher im Wohnzimmer läuft 24 Stunden am Tag. Die Mutter hat sich wenig Gedanken darum gemacht, denn sie stellt ihre acht Kinder damit „ruhig". Wenn Addo nicht gerade in der Schule ist, sitzt er vor der „Glotze", stundenlang. Er macht direkt nach der Schule seine wenigen Hausaufgaben. Dann setzt er sich vor den Fernseher und bleibt dabei, bis er ins Bett geht. Zwischendurch wird gegessen, auch vor dem Fernseher.

Aufgefallen ist Addo, weil er in der Schule zunehmend aggressiv wurde, sich oft prügelte und dies unverhältnismäßig brutal, anderen mit der Faust auf die Nase schlug und nicht mehr zu schlagen aufhören konnte. Er steigerte sich immer häufiger in eine extreme Wut hinein und rastete aus. Vom Jugendamt wurde eine Maßnahme eingerichtet, und zwar eine Tagesgruppe, in die er gleich nach der Schule gehen musste. Dort gab es Mittagessen, dann wurden die Hausaufgaben zusammen gemacht, danach Freizeitaktivitäten und am späten Nachmittag ging es wieder nach Hause.

Diese Maßnahme war nicht erfolgreich, weil sich Addo dort ebenfalls schlug, zumal dort mehrere Kinder mit ähnlich aggressiven Verhaltensweisen untergebracht waren. Addo war dort nicht glücklich. Als Ausweg wurde dann halt eine Erziehungsbeistandschaft eingerichtet mit fünf Fachleistungsstunden in der Woche.

Eine weitere Schwierigkeit besteht darin, dass man keine Elterngespräche führen kann, weil die Mutter kaum Deutsch spricht. Der Junge wollte die Maßnahme nicht, sie wurde ihm mehr oder weniger aufgedrückt. Wenn er auf die Betreuung nicht angesprochen hätte, hätte sich wegen seiner Gewalttätigkeit eine typische „Karriere" in Richtung Heim angebahnt. So war meine Arbeit mit ihm so etwas wie ein letzter Versuch, ihm diesen Weg zu ersparen.

2.10.2 Beziehungsschwierigkeiten

Zu Beginn der Maßnahme versuchte ich natürlich erst einmal, in Kontakt zu kommen, und anfangs dachte ich, es ginge ganz schnell. Addo war erst ein bisschen schüchtern, wurde dann immer offener, erzählte, war allerdings auch sehr unsicher. Er fing an, Witze zu erzählen und das über eine Stunde lang. Dann erzählte er sie schon doppelt, bis ich ihm irgendwann zu verstehen gab: „Ich würde gern mal etwas anderes von dir hören." Er hatte aber Probleme, etwas von sich zu erzählen. Ich dachte, mit der Zeit wird es schon gehen.

Nach einigen Treffen stellte ich fest, dass ich jedes Mal wieder von vorn anfing, dass er meinen Namen vergessen hatte, und das innerhalb von zwei Tagen, und wieder dieselben Witze erzählte, was ihm schließlich auch selbst auffiel. Auf diese Weise kam ich jedenfalls mit ihm nicht weiter.

2.10.3 Initiativen wecken

Ich fragte Addo des Öfteren, was wir unternehmen wollten, worauf er Lust hätte. Da er immer nur fernsehen und Computerspiele spielen wollte, konnte ich ihn das zunächst nicht entscheiden lassen und die Betreuung gemeinsam gestalten. So begann ich, die Betreuungsinhalte zu bestimmen (Fußball, Tretboot fahren, durch die Stadt bummeln), stieß dabei allerdings auf Widerstand. Er sagte, es sei alles langweilig, doof, er würde jetzt viel lieber zu Hause sein und fernsehen. Die Situation ist für den Betreuer nicht leicht, wenn der Jugendliche alle Bemühungen, in Kontakt zu treten, ablehnt, sogar ständig meinen Namen vergisst.

In solchen Situationen versuche ich, neue Erfahrungen über körperliche Betätigungen zu vermitteln. So machte ich Addo deutlich: „Wenn du zu all diesen Angeboten keine Lust hast, dann bestimme ich das und wir gehen jetzt wandern. Wenn dir nächstes Mal wieder nichts anderes einfällt außer fernsehen, machen wir wieder etwas, was ich bestimme."

Also habe ich Trinkwasser eingepackt, ein paar leckere belegte Brötchen und habe einen 8 km langen Marsch am Elbeseitenkanal eingefordert. Addo ließ sich mürrisch darauf ein. Ich ließ ihn auf dem Weg schimpfen und fluchen. Irgendwann ging ihm die Puste dafür aus und er beschwerte sich nicht mehr weiter, sondern ging mit. Ich habe gute Erfahrungen damit gemacht, dass sich Jugendliche mit sich und der Situation bei so einem längeren gemeinsamen Weg auseinandersetzen: über die Anstrengung und das Herauslassen des Nörgelns darüber, wie „blöd" die ganze Situation ist.

Mit diesem Mittel lässt sich auch prüfen, ob Jugendliche dazu kommen können, wirklich etwas für sich entwickeln zu wollen, oder ob sie in mir als betreuende Person nur einen Freizeitclown sehen wollen. Addo änderte nach geschätzten sechs Kilometern, als er schon ziemlich müde war, seine Haltung: Von „alles ist langweilig und doof" auf „oh, da ist eine Eidechse". Sofort war er in einer anderen Welt. Er wollte nicht mehr aus der Wanderungssituation ausbrechen, er wollte die Eidechse in die Hand nehmen. Das ging auch; die Eidechse war temperaturbedingt ziemlich träge. Ich setzte sie ihm auf die Hand. Es fand eine beeindruckende Veränderung in ihm statt. Er war von dem Gefühl auf seiner Hand und dem Anblick der Eidechse sehr berührt. Von da an sah er sich die Gegend mit ganz anderen Augen an. Er wollte noch mehr Eidechsen finden und er fragte, welche Tiere es noch so gäbe. Sein Interesse war geweckt, als ob eine Mauer durchbrochen worden wäre. Die letzten Kilometer waren dann richtig schön. Addo war ganz offen und es ergab sich ein Gespräch über den Kanal und die Umgebung. Er wirkte erleichtert und fröhlich, obwohl er von der Wanderung körperlich erschöpft war.

Wir hatten noch ein zweites Abenteuer. Wir mussten über einen Bach springen. Bei diesem Sprung verlor ich einige Sachen aus meinen Taschen, insbesondere mein Handy. Als ich es einige Zeit später bemerkte, kehrten wir zum Bach zurück. Addo fand die Dinge und war darüber ganz stolz.

Solche Zufälle erweisen sich als sehr nützlich. Mit Absicht ist das nicht zu gestalten, genau so wenig wie das Auftauchen der Eidechse. Aber es kann sich ergeben, wenn man dafür Gelegenheiten schafft, z. B. mit einer Wanderung.

Wanderung, Eidechse und Finderlob waren ein Wendepunkt. Addo hat danach meinen Namen nicht mehr vergessen. Er wurde wacher und stellte mir viele Fragen. Ich nutzte sie für die verstärkte Suche nach Freizeitmöglichkeiten, die ihm Spaß machen könnten. So bekam ich heraus, dass er gern Fußball spielte, sich aber nie trauen würde, in den Verein nahe seines Wohnortes einzutreten. Das habe ich dann wiederum für ihn bestimmt. Mit dem zuständigen Trainer vereinbarten wir ein Probespielen für drei Monate, ohne Vereinsmitglied zu werden. Addo schämte sich allerdings und hatte Angst vor den anderen Jungen. Ich bot ihm an, ihn zu begleiten und beim Training dabei zu bleiben. Nach dem zweiten Mal hatte er sich schon mit drei bis vier Jungen angefreundet. Er war mit viel Freude bei der Sache. An einem sehr heißen Tag hatte er sich völlig verausgabt, kam mit Sonnenbrand und total verschwitzt vom Platz runter zu mir. Ich war von seiner Kondition beeindruckt und zeigte ihm das auch. Er strahlte, war fix und fertig, aber glücklich.

Leider hat Addo durch die Jahre vor der „Glotze" einen krummen Rücken und auch Probleme mit den Gelenken, so dass er vom Trainieren Rücken- und Knieschmerzen bekam. Fußball war also auf Dauer nicht unbedingt der richtige Sport. Ich hielt so etwas wie Tai Chi für geeigneter, einen Sport mit langsamen, achtsamen Bewegungen, der gelenkig macht und auch Gymnastik anbietet.

2.10.4 Materielle Armut

Hinzu kam, dass es nicht möglich war, den monatlichen Mitgliedsbeitrag für den Verein zu finanzieren. Die Familie hat den Aussiedlerstatus, lebt von Sozialhilfe und Summen im Bereich von 15,– Euro im Monat kann sie nicht finanzieren.

Benachteiligte Jugendliche können viele Freizeitangebote aus finanziellen Gründen nicht wahrnehmen und müssen mit einer materiell extrem begrenzten Situation leben. Sehen betroffene Jugendliche, was anderen in ihrem Alter zur Verfügung steht, bekommen sie eine äußerst ungesunde Fixierung auf Geld, auf materielle Werte. Dies spielt auch bei Addo eine große Rolle. Auch sollte keiner wissen, dass er auf die Sonderschule geht. Er verstellt sich, um als „ganz toll" zu erscheinen. Er ist ein großer Angeber, er „kann alles viel besser" als andere. Natürlich weiß er auch, dass das nicht stimmt. Aber teilweise glaubt er daran. Durch das ständige Fernsehen schafft er sich eine Traumwelt, eine eigene Realität. Die Betreuung von sozial benachteiligten Jugendlichen ist besonders schwer: Man kämpft gegen mehrere Gegner, einmal gegen die mangelnde Motivation der Jugendlichen, zum anderen gegen das Problem, etwas Attraktives zu ermöglichen, das kein Geld kostet.

2.10.5 Fehlende Autorität ersetzen

Die Betreuung von Addo zog sich sehr lange hin. Es gelang mir aber, eine Beziehung zu ihm aufzubauen. Es war ihm gegenüber nötig, relativ streng zu sein, also auch bestimmte Verhaltensweisen zu begrenzen bzw. zu unterbinden, so etwa seine Tendenz, alles schlecht zu reden. Bestimmt wies ich ihn an: „Addo, es ist nicht alles schlecht! Du machst das jetzt!"

Addos Vater macht nie Vorschriften, er will nur Freund der Kinder sein, aber nicht Vater. Erschwerend kommt hinzu, dass der Vater von allen Kindern in der Familie völlig abgelehnt wird.

Die Vaterrolle übernahm der älteste Bruder, der mit 14 Jahren damit überfordert ist, Erziehungsaufgaben zu erfüllen. Eine haltgebende männliche Autorität fehlte völlig und Addos Bedürfnis danach war riesig. Vielleicht richtete er deshalb auch sein Verhalten so aus, dass er an die Grenzen ging, um sie zu finden.

2.10.6 Isolierende Manöver

Nachdem die Beziehung geknüpft war, hörten die Gewalttätigkeiten in der Schule auf. Ich hatte ein Gespräch mit der Klassenlehrerin, die sagte, Addo störe den Unterricht zwar noch immer, aber er schlage sich nicht mehr. Diese Veränderung schien auch von Dauer zu sein.

Addo hatte allerdings immer noch kein Hobby. Um im Flow-Modell (Kap. 2.2) zu sprechen: Durch das viele Fernsehen hatte Addo seine Fähigkeiten nicht weiter entwickelt und die Anforderungen, die er sich teilweise selbst stellte, waren viel zu hoch. Dadurch entstand eine große Diskrepanz, über die er unglücklich war.

Er hatte Probleme, den ersten Schritt zu machen und wenn ich ihm unterschwellig Aktivitäten anbot, bei denen er kleine Erfolge haben konnte, dann sah er dies nicht, weil seine eigenen Anforderungen viel höher waren.

Bei weiteren Treffen regte ich ihn dazu an, ein Hobby für sich zu finden, das er möglichst mit vielen anderen Jungen ausüben konnte, weil er auch keine Freunde hatte. Als Ausländer hat er es schwer, Freunde zu finden. Er provoziert mit seinem Verhalten auch Ablehnung, indem er andere auslacht oder angreift – vielleicht nur, um sie zu prüfen. Gleichaltrige sind mit diesem Verhalten überfordert. Daher hatte Addo nur seine Geschwister und ein paar andere kurdische Jugendliche, die aber entfernter wohnten.

2.10.7 Kung-Fu

Wir fanden ein Angebot eines Stadtteilladens, den ich mit aufgebaut habe: Kung-Fu bei einem wirklichen „Meister". Addo machte beim Kung-Fu engagiert mit und hatte viel Spaß dabei.

Addo nahm für die Kung-Fu-Stunde allerhand Strapazen auf sich und war ganz stolz, dass er das geschafft hatte. Auch meine Anerkennung bedeutete ihm etwas und er freute sich über das Lob des Kung-Fu-Meisters. Da der Kung-Fu-Unterricht aber zeitlich mit dem Treffen einer Jungengruppe zusammenfiel, der sich Addo mittlerweile angeschlossen hatte, musste er mit dem Unterricht aufhören.

2.10.8 Vertrauen als Chance

Es ist ungewiss, ob wir ein anderes kostenloses Sportangebot finden werden. Aber Addo kann auf den Fähigkeiten aufbauen, die er mit den bisherigen Erfahrungen entwickelt hat. Und er akzeptiert mich als Vermittler. Dies ist eine wichtige Grundlage für weitere Schritte. Nach und nach erkennt er an den Erfahrungen, die er macht, dass meine Vorschläge ihm Chancen eröffnen. Addo scheint zu begreifen, ohne vielleicht konkret zu wissen warum, dass das, was ich von ihm möchte, ihm gut tut. So bildet sich zunehmend Vertrauen.

Erfreulich fand ich Addos Besuch im Jugendzentrum an seinem neuen Wohnort – er ist umgezogen. Ich hatte ihn gebeten, sich dieses Jugendzentrum anzusehen, hatte ihm gezeigt, wo es liegt, und ihm gesagt, er solle da mal hingehen. Er schämte sich aber und traute sich nicht. Die Woche darauf sind wir zusammen hingegangen. Bei unserem nächsten Treffen erwähnte er ganz stolz, dass er zwischendurch allein ins Jugendzentrum gegangen war und dass es ihm gefallen hatte. Dies zeigt mir auch, dass er langsam selbst aktiv wird. Von diesem aktuellen Stand aus kann Addo sich weiterentwickeln.

2.11 Vision quest – Arne auf dem Weg zu sich selbst

2.11.1 Arnes Schwierigkeiten

Die Betreuung begann, als Arne 15 Jahre alt war. (Er hatte eine 17-jährige Schwester und einen 12-jährigen Bruder.) Die familiäre Krise bestand länger; der Vater war Alkoholiker. Wenn der Vater getrunken hatte, schlug er die Mutter z.T. richtig zusammen. Die Schwester zog sich bei solchen Konflikten zurück. Arne versuchte, der Mutter zu helfen. Er hatte keine

Angst vor seinem Vater. Wenn Arne dazwischen ging, bekam er auch selbst heftig Prügel ab. Diese Entwicklung begann, als Arne etwa zehn Jahre alt war. Die Mutter trennte sich schließlich vom Vater, zog in ein anderes Dorf und fand einen neuen Partner.

Arne war sehr Fußball begeistert, hatte aber bereits mit zwölf Jahren angefangen, zu rauchen und Alkohol zu trinken. Das dörfliche Umfeld mit freizügigem Alkoholkonsum war für den Jungen in dieser Hinsicht sehr verführerisch. Im Fußballverein und im Schützenverein, dem Arne beigetreten war, wurde bei jeder Gelegenheit Alkohol ausgeschenkt.

Wenn Arne betrunken war, wurde er sehr ausfallend seiner Mutter gegenüber. Es bestand die Gefahr, dass er in die Fußstapfen seines Vaters treten würde. An sich war Arne ein lieber und witziger Kerl. Unter Alkoholeinfluss verwandelte er sich regelrecht, wurde aggressiv, respektlos und hochgradig abwertend. Auch drohte er dann seiner Mutter, ihr in den Bauch zu treten und sie fertigzumachen. Wenn er wieder nüchtern war, war er nicht wieder zu erkennen. Dann war er sehr nett, fast schüchtern.

Zeitweise trank er nur am Wochenende, zunehmend aber auch innerhalb der Woche. Er war nahe daran, sich zum Alkoholiker zu entwickeln.

2.11.2 Die Betreuung

Die Betreuung erfolgte 3 Stunden die Woche. Zunächst wollte Arne keine Betreuung annehmen. Deshalb wurde eine Probezeit vereinbart: „Du guckst dir das mal einen Monat an. Wenn du das dann nicht weitermachen möchtest, können wir die Betreuung beenden." – Wenn der zu Betreuende die Betreuung nicht will, hat sie keinen Sinn. Mit einer Probezeit, dem Wissen, auf eigenen Wunsch aufhören zu können, besteht eine gute Chance, dass auch skeptische Jugendliche sich darauf einlassen.

2.11.3 Aufbau einer Beziehung

Arne hatte Interesse an Fußball. Dies war ein Ansatzpunkt, mit ihm in Beziehung zu treten. Zunächst haben wir zu zweit miteinander gedribbelt, und ich konnte seine Spielweise sehr anerkennend kommentieren: „Toll, für dein Alter." Dabei wurde deutlich, wie sehr Arne Anerkennung und eine Würdigung seiner Fähigkeiten brauchte. Er hatte ein sehr geringes Selbstwertgefühl und ein großes Bedürfnis nach Bestätigung.

Auf diese Weise sind wir gut miteinander in Kontakt gekommen und er erkannte mich sehr schnell als Bezugsperson und Ansprechpartner an. Es ist nicht leicht, die richtige Qualität in der Beziehung zu einem betreuten Jugendlichen zu finden: Freundschaft wäre nicht stimmig, Vorgesetztenstatus würde abgelehnt. Die Art der Beziehung will auch ausprobiert und ausgehandelt werden. Die betreuten Jugendlichen testen oft aus, wie weit sie gehen oder ob sie gar die Führung übernehmen können. Dann ist es wichtig, ihnen die Grenzen aufzuzeigen. In letzter Instanz muss es ganz klar sein, dass ich als Betreuer das Sagen habe, auch was Aktivitäten oder bestimmte Aufgaben bzw. Unterlassungen anbelangt.

Wir konnten sehr offen über Arnes Lebenssituation und seine Eskapaden sprechen, auch darüber, wie er seine Mutter oder seine Schwester behandelt. Dabei zeigte sich, dass er seine Familie sehr gern hatte, dass bei ihm eine sehr starke Familienbande gegeben war, obgleich er seine Mutter unter Alkoholeinfluss sehr schlecht behandelte. Arne liebte seine Mutter und seine Geschwister. Er sprach auch voll Stolz von seiner Mutter: „Die arbeitet die ganze Zeit; nebenbei erzieht sie noch drei Kinder, hat das mit meinem Vater alles durchgemacht, also: Was die alles packt …"

Ich habe dann gefragt: „Hast du deiner Mutter eigentlich schon einmal gesagt, wie sehr du sie schätzt?" – „Nee …", antwortete er erstaunt.

Solche Hinweise regen zum Nachdenken an. In der Summe kann es schließlich dazu kommen, dass Arne irgendwann danach handelt, also z.B. seiner Mutter seine Anerkennung ausspricht.

2.11.4 Vertiefung des Kontakts

Wir nahmen uns häufiger auch „etwas Schönes" vor, holten uns leckeres Essen und setzten uns zusammen. Arne hatte ein starkes Bedürfnis zu reden, er wollte nicht nur erzählen, sondern auch vieles von mir wissen: „Wie machst du dies, wie denkst du über jenes, über Politik, wie war es bei der Bundeswehr usw."

Es dauert oft etwa drei Monate, um Beziehungen zu knüpfen und zu vertiefen, bis es anschließend möglich ist, Weiteres zu bewegen. Bei Arne ging dies schneller. Wir sprachen miteinander über viele seiner Lebensthemen, über Schule, seine Familie, über ihn selbst und seine aktuelle Befindlichkeit. Er war sehr offen und sprach auch heikle Themen an, auch, wenn er seine Mutter mal wieder aggressiv angegangen war.

Er war kurz davor, „von der Schule zu fliegen" bzw. auf die nahe Hauptschule heruntergestuft zu werden.

Ich sprach mit ihm durch, dass die Lebenssituationen, in denen er Drogen nahm, sehr häufig aus einer Art Langeweile, Unterforderung und Perspektivlosigkeit entstehen können (vgl. das Flow-Modell von Csikszentmihalyi). Weiterhin konnte ich ihm deutlich machen, dass Drogen eine Umgangsweise mit dem Langeweile-Perspektivlosigkeits-Dilemma sind, die zu keiner Lösung führt. Wir sprachen über Wege, die ihm wirklich etwas bringen konnten, z.B. seine Freude am Fußballspielen zu pflegen. Er fing tatsächlich an, intensiv zu trainieren und der Erfolg blieb nicht aus: Obgleich er noch in der A-Jugend spielte, wurde er eingeladen, bei den Herren in der Amateurmannschaft mitzuspielen. Weiterhin instrumentierte er mit Freunden, die weniger getrunken haben, am Computer Musikstücke. Auch in dieser Hinsicht konnte ich anerkennend mit ihm in Beziehung treten: „Mensch, so etwas hast du drauf! Das finde ich ja toll ... Ich mache auch Musik!"

Ich konnte ihm Orientierung geben, die er auch annahm, so dass er genau benennen konnte, was er von mir übernehmen wollte, was nicht, oder was er anders machen wollte.

Letztlich wirke ich mit mir als Person. Ich bin authentisch ich, und der Jugendliche kann sich das für ihn Gute davon heraussuchen. Dies kann er bei seinen Eltern meist nicht. Im jugendlichen Ablösungsprozess können die Eltern bei der Identitätsfindung nicht mehr helfen. Sie können nur dadurch unterstützen, dass sie die Ablösung zulassen und es ermöglichen, dass andere Personen, eventuell der Fußballtrainer, Vereinsmitglieder, seltener Lehrer oder eben ein professioneller Betreuer, unterstützende Orientierung geben.

Arnes Wunsch nach Familienzusammenhalt konnte ich aufgreifen, um ihn darin zu unterstützen, mit seiner Mutter konstruktiver umzugehen. Er hatte einmal angedeutet, er würde jeden erschießen, der seiner Familie etwas antue. Da lag es nahe, ihm deutlich zu machen: „Da musst du dich ja beinah selbst erschießen, wenn du deine Mutter so fertig machst ..."

Irgendwann deutete er seiner Mutter einmal vorsichtig ein Lob an und erzählte mir dies stolz. Er konnte über einen langen Zeitraum aufhören, seine Mutter zu beleidigen.

Er war und wurde sich seiner Konflikte bewusst, konnte sie offen aussprechen bzw. darauf eingehen, wenn ich ihn auf sie aufmerksam machte. Auf diese Weise nutzte er die Betreuung, arbeitete an sich und konnte sich sehr konstruktiv entwickeln. Wesentlich dafür war seine Offenheit und dass er mich als Person angenommen hat, was nicht immer der Fall ist.

2.11.5 „Vision quest"

Es gibt einen Film aus den USA, in dem es um den Prozess des Erwachsenwerdens geht – „Vision quest". In dem Film geht es um ein Ritual indianischer Herkunft. Es soll Jugendlichen Gelegenheit geben, über ihr Leben, über ihre Eltern, über Zukunftsängste nachzudenken, sich auf sich selbst zu besinnen, wie sie sich als Person erleben, was sie anstreben usw. Die Jugendlichen werden auf das Ritual vorbereitet, drei Tage lediglich mit einem Wasservorrat – ohne Radio oder Walkman, ohne etwas zu lesen – in die Einsamkeit zu gehen und sich mit ihrem Lebensweg zu beschäftigen.

Das Ritual beginnt für die Jugendlichen gemeinsam in einem mit Steinen umrandeten Kreis. Dann gehen sie hinaus in die Wildnis, bei jedem Wetter. Gegen Gewitter gibt es eine Schutzhütte. Nach drei Tagen kehren sie in den Kreis zurück, von den erwachsenen Betreuern empfangen, gewürdigt und gefeiert als gereift und erwachsener geworden. Wieder im Steinkreis sprechen sie über ihre Gedanken, Gefühle und Erfahrungen in der Einsamkeit. – Soweit der Film.

Ich habe mir mit Arne diesen Film angesehen. Im Gespräch darüber kam mir der Gedanke, ihm ein ähnliches Ritual anzubieten, auch um ihn anzuregen, sich mit seinem Vater und dessen Gewaltausbrüchen in alkoholisiertem Zustand auseinanderzusetzen. Ich hatte dies ein paar Mal angeschnitten, aber er hatte es nie aufgegriffen. Er mied das Thema.

Gesagt, getan. Ein Bauer in der Nähe gestattete uns, ein Zelt auf seiner Weide aufzuschlagen, ein paar hundert Meter vom dörflichen Zuhause meiner Mutter entfernt. Ich setzte Arne nachmittags mit dem Zelt ab, gab ihm einen vorbereiteten Brief mit und verabschiedete mich mit folgenden Worten: „Morgen früh um acht Uhr hole ich dich wieder ab. O. k.?" Er meinte: „Klar, alles o. k.! Da ist doch nichts dabei ..."

Er suchte sich dann eine Stelle, baute sein Zelt auf und las den Brief.

2.11.6 Der Brief

```
Lieber Arne!

Ich möchte, dass du diesen Brief sorgfältig und genau
liest; betrachte dies als deine Instruktionen für die
nächsten Stunden. Ich bitte dich, kein Radio, Walkman,
Gameboy oder ähnliches zu benutzen und keinen Alkohol zu
trinken, da diese Aktion dann völlig sinnlos wäre. Wenn du
abbrechen möchtest, kannst du das selbstverständlich jeder
Zeit tun, das ist völlig in Ordnung. So wie ich die Lage
sehe, ist heute Freitag, der 23. August 2002, du bist
16 Jahre alt, sitzt allein, mitten in der Natur etwas
südlich von G. und liest einen Brief von deinem Betreuer
(dem du den ganzen Schlamassel zu verdanken hast). Eins
musst du mir wirklich glauben: Ich habe dich nicht aus
Spaß oder aus einer Laune heraus in die Wildnis geschickt.
Ich vermute mal, dass du die Betreuung zuerst als notwen-
diges Übel angesehen hast (du hast mal gesagt, du machst
das nur mit, weil deine Mutter es so will). Später hast
du dir wahrscheinlich gesagt: „Na ja, der Typ ist ja ganz
in Ordnung, also tu ich mal so, als ob ich mitmache."
Auch, wenn es dir so vorgekommen sein mag, habe ich
```

während unserer Zusammenarbeit nichts dem Zufall überlassen. Ich habe den Kram schließlich studiert, habe
schon ein paar andere „Jungs" betreut, habe vorher
ca. 150 Soldaten ausgebildet und war - vor allen Dingen -
selber mal 16 Jahre alt. Ich kann mich noch gut an den
Stress des Erwachsenwerdens erinnern und diese Erfahrung
habe ich dir voraus. Mir hat die Betreuung jedenfalls
sehr viel Spaß gemacht und ich denke, dass du dich in
vielerlei Hinsicht zum Positiven weiterentwickelt hast.
Die Phase der Jugend ist eine Zeit voller Aufgaben und
Ereignisse:
Du wächst und veränderst dich und musst damit klar kommen.
Du sollst einen Schulabschluss machen und deine berufliche
Laufbahn in die Wege leiten.
Du musst dich von deinen Eltern ablösen.
Du willst dein eigenes „Ding" machen, bist aber noch von
deiner Mutter abhängig (Wohnen, Finanzen).
Du sollst ein Mitglied dieser Gesellschaft werden, mit
Rechten und Pflichten.
Du weißt, dass du einen guten Schulabschluss brauchst und
trotzdem würdest du lieber die ganze Zeit „Party machen".
Usw.

Bei all den Zwängen, Aufgaben und Entwicklungen ist es
kaum verwunderlich, dass du dich ständig mit Computerspielen, Fernsehen, Video, Alkohol usw. ablenkst. Zu einem
gewissen Teil ist das auch in Ordnung - alle machen das -
man sollte nur in der Lage dazu sein, sich ab und zu mit
sich selbst zu beschäftigen. Das ist der schwere Weg,
ablenken ist der leichte. Allein zu sein und über seine
Situation nachzudenken kann sicher schmerzhaft sein,
aber langfristig führt dies zu einer starken Persönlichkeit und einer Reduzierung der Probleme des täglichen
Lebens. Du wirst sehen …
Es steht dir selbstverständlich frei, wie du deine Zeit
verbringst. Sicherlich kannst du dich auch hier in der
Natur ablenken. Dies ist jedoch nicht der Sinn dieser Aktion; schließlich soll es dir der Aufenthalt erleichtern,
mal ein wenig aus dem Alltag herauszukommen und darüber
nachzudenken, was wirklich wichtig ist: nämlich du selbst!
Dazu möchte ich dir einige Anregungen geben - einige
Fragen, über die du dir mal Gedanken machen kannst, wenn
du es möchtest (auch wenn es schmerzhaft sein sollte).
Wer ist Arne W.?
Was unterscheidet dich von anderen?
Was sind deine Stärken, was deine Schwächen?

Welche Erinnerungen hast du an deine Kindheit?
Wie stehst du zu deiner Familie, deiner Mutter, ihrem
Freund, deinem Bruder, deiner Schwester?
Welche Erinnerungen hast du an deinen Vater und welche
Gefühle hast du für ihn?
Was wünscht du dir für die Zukunft?

Mich persönlich würde natürlich auch interessieren, wie du
über den Verlauf der Betreuung denkst. Vielleicht kannst
du dir darüber ja auch ein paar Gedanken machen. Wenn du
möchtest können wir dann ja mal darüber reden und falls es
dich interessiert, sage ich dir dann, was Stefan über Arne
W. denkt, aber mir fallen schon jetzt nur positive Dinge
ein. Es freut mich jedenfalls sehr, dass du dich bereit
erklärt hast, dies hier durchzuziehen.

Dein Betreuer

Ich hatte viel Positives über ihn geschrieben und ein paar Fragen gestellt, über die er sich Gedanken machen könnte, auch über seinen Vater.

Ich saß fünfhundert Meter entfernt und zündete mir ein Lagerfeuer an. Einige Stunden später kam er zurück zu mir zum Lagerfeuer und sagte: „Ich kann es nicht." Er war sehr verheult, war fix und fertig. Ich tröstete ihn und sagte ihm, es sei nichts dabei, dass er es nicht geschafft hat. Wichtig sei, dass er es wollte und versucht habe.

Wir saßen noch sehr lange, fast bis Sonnenaufgang, am Lagerfeuer und redeten miteinander. Wir hatten einen sehr schönen Abschluss der Betreuung mit diesem Gespräch am Lagerfeuer.

2.11.7 Bilanz

Einige Zeit nach dem Ende der Betreuung bekam ich eine E-Mail, in der Arne mir stolz von seinem befriedigend bis guten Realschul-Abschluss berichtete. Alkohol trinke er manchmal noch am Wochenende mit den Kameraden vom Schützenverein, aber nicht mehr in der Woche. Er sehe jetzt seine Familie und sich selbst mit anderen Augen.

Arne hatte sich vor der Betreuung in eine kritische Richtung bewegt. In dem Jahr mit mir richtete er sich vielleicht um wenige Grade neu aus. Mit Abstand betrachtet, ist dies eine doch deutliche Strecke in Richtung einer im Regelwerk der Gesellschaft gehaltenen und selbstverantwortlichen Lebensgestaltung.

3 Ein theoretischer Ansatz für die Handlungsebene – Der sozialpädagogische Standpunkt

3.1 Problemstruktur – Zielsetzung

Die Vielfältigkeit und Komplexität menschlicher Verhaltens-, Handlungs- und Lebensweisen stellt einen extrem hohen Anspruch an Theorie und Praxis der Erziehung. Natürlich gibt es zum Thema „Jugend und Erziehung" bereits eine ganze Fülle an Theorien, Modellen, Forschungsergebnissen und Erziehungsleitfäden aus den verschiedensten Wissenschaftsbereichen (Psychologie, Soziologie, Kriminologie, Erziehungswissenschaften, Sozialpädagogik), aber eben diese Theorienvielfalt und die Interdisziplinarität der Thematik sorgt bei den Praktikern häufig für Verwirrung. Da es keine einheitliche und allgemeingültige Theorie für den Umgang mit Jugendlichen gibt, sind professionelle Helferinnen und Helfer darauf angewiesen, mit dem mehr oder weniger subjektiven „Handwerkszeug" zu arbeiten, dass sie sich während des Studiums oder aufgrund von Erfahrungen angeeignet haben. Als Folge daraus ergibt sich ein gewisser Mangel an Professionalität, der häufig auch von den „Profis" als solcher empfunden wird. Dieser Mangel bezieht sich dabei weniger auf die Handlungsebene. Sozialarbeiterinnen und Sozialarbeiter handeln im Einzelfall durchaus professionell – ihnen fehlt nicht das „wie", sondern das „warum" (im Sinne von: Warum bzw. auf welcher Grundlage werden bestimmte Diagnosen, Entscheidungen und Handlungsstrategien im Einzelfall getroffen?). Das Problem der Begründung erzieherischen Handelns soll an dem folgenden Beispiel verdeutlicht werden.

> Die Sozialarbeiterin Silke M. betreut die 13-jährige Kathleen im Rahmen einer Erziehungsbeistandschaft (§ 30 KJHG). Die Maßnahme läuft bereits seit einem halben Jahr und Kathleen nimmt die Hilfe nur langsam an. Silke M. hat Mühe, mit Kathleen in Kontakt zu kommen und ein Vertrauensverhältnis zu ihr aufzubauen. Kathleen wohnt bei ihrem Vater, Herrn A., der im Schichtdienst arbeitet und – nach eigener Aussage – mit der Erziehung seiner Tochter überfordert ist. Kathleen ist seit ihrem siebten Lebensjahr fast völlig auf sich allein gestellt. Sie benimmt sich oft respektlos gegenüber ihrer Lehrerin, hat bereits erste sexuelle Erfahrungen gemacht und will sich von niemanden etwas sagen lassen. Kathleen ist starke Raucherin und Silke M. vermutet, dass sie hin und wieder „kifft".

> Silke M. soll einen Bericht für das Jugendamt schreiben, da ein Hilfe-
> plangespräch ansteht, in dem es darum geht, ob die Hilfe fortgesetzt
> wird. Silke M. „weiß", dass Kathleen sehr bedürftig ist und dass sie noch
> Zeit braucht, um Kathleens Vertrauen zu gewinnen. Sie befürchtet, dass
> Kathleen ohne weitere Hilfe „abstürzt". Obwohl Silke M. die Lage durch-
> aus richtig einschätzt, hat sie Mühe ihre fachliche Meinung ausreichend
> zu begründen. Ihre Prognose beruht auf Erfahrungen, Menschenkenntnis,
> Intuition und Gefühl – möglicherweise zu wenig, um in Zeiten knapper
> Haushaltskassen, den Sachbearbeiter bzw. die Wirtschaftsabteilung des
> Jugendamts von einer Verlängerung der Maßnahme im Fall Kathleen A. zu
> überzeugen.

Die hier beschriebene Problematik ist keinesfalls auf den sozialen Bereich beschränkt. Auch Eltern, die Lehrerin oder der Fußballtrainer – kurz gesagt: alle, die in irgendeiner Form mit Jugendlichen zu tun haben, dürften schon einmal in Argumentationsnot gekommen sein, wenn es darum ging, ihr erzieherisches Handeln zu begründen. Was den „Erziehenden" fehlt, ist ein Basiswissen zum Thema „Jugend", eine Art allgemeingültige Gleichung, in welche man die Variablen des Einzelfalls nur noch einzusetzen braucht. Im Folgenden soll versucht werden, einen Ansatz für ein solches Basiswissen zu entwickeln. Dieser Ansatz soll uns als „Werkzeugkasten" dienen (um auf diese häufig verwendete Metapher zurückzugreifen), den dann jeder nach Bedarf mit seinem pädagogischen „Handwerkszeug" bestücken kann.

Die Frage lautet also, wie man – unter Berücksichtigung der Subjektivität eines jeden Menschen – die Variablen Jugend, Eltern (Erwachsenenwelt), Erziehung und Gesellschaft in allgemeingültiger Form in Einklang bringen kann.

Die Schwierigkeit an diesem Vorhaben liegt in erster Linie darin, den Gegensatz zwischen der Subjektivität des Einzelnen und der Heterogenität und Komplexität des „Gesamten" aufzuheben. Schließlich sollen Aussagen getroffen werden, die gleichermaßen für jeden Einzelnen und für jede der oben formulierten Variablen (Jugend, Eltern usw.) gelten. Wie so oft, wenn man vor lauter Bäumen den Wald nicht sieht, macht es Sinn, eine höhere Position einzunehmen, da sich mit einem höherem Abstraktionsgrad auch der Geltungsbereich vergrößert. Ziel ist es, eine sozialpädagogische Betrachtungsweise zu formulieren, die es dem Sozialarbeiter, der Lehrerin, aber auch Eltern ermöglicht, aus einem möglichst allgemeingültigen Wissensfundus heraus auf den Einzelfall zu schließen. Ein solches allgemeingültiges Basiswissen kann dann dazu beitragen:

- mehr Verständnis über die Zusammenhänge zwischen Jugend, Erziehung und Gesellschaft zu erlangen,

- die eigene Position bzw. Funktion in diesem Zusammenspiel zu bestimmen,
- eigene Handlungsweisen im Umgang mit Jugendlichen theoretisch begründen zu können,
- jungen Menschen Orientierung und Hilfen zu geben.

3.2   Erziehung als Basis sozialpädagogischer Theorie

Bei den folgenden theoretischen Überlegungen sowie den dazu gehörigen Begriffsbestimmungen wird im Wesentlichen auf Michael Winkler (1988) zurückgegriffen. Dazu beschränken wir uns ausschließlich auf den Bereich der Jugend, während sich Winklers Theorie auf den gesamten Bereich der Sozialpädagogik erstreckt. Als Einstieg in die Thematik dient uns Winklers „sozialpädagogische" Definition von Erziehung:

> „Erziehung, ob zufällig oder absichtsvoll, vollzieht sich als eine Verknüpfung der das gesellschaftliche Erbe vermittelnden und aneignenden Tätigkeit. Dabei tritt die ältere Generation als Subjekt der Vermittlung, die jüngere Generation als Subjekt der Aneignung auf; dem die Erziehungstätigkeit gleichsam erst auslösenden gesellschaftlich-geschichtlichen Erbe kommt dabei, im Blick auf das Generationenverhältnis, die Rolle eines dritten Faktors zu." (Winkler 1988, 112)

Anhand dieser Definition sollen zunächst einmal die zentralen Begriffe (Aneignung, Vermittlung, dritter Faktor) geklärt werden, um anschließend das sozialpädagogische Problem beschreiben und eingrenzen zu können.

Der Mensch unterscheidet sich von anderen Lebewesen nicht zuletzt aufgrund der drei im Folgenden beschriebenen Fähigkeiten. (1) Er besitzt die Fähigkeit zur Selbstreflexion; d.h. er kann sich selbst zum Objekt machen und sich dabei von außen betrachten. (2) Der Mensch ist sich dessen bewusst, dass er seinen Platz in der Welt bzw. in der Gesellschaft hat, dass er sich von anderen Menschen unterscheidet – er besitzt eine Identität. (3) Schließlich verfügt der Mensch über die Fähigkeit zur Entwicklung und Veränderung. Er entwickelt und verändert sich, indem er seine Umwelt gestaltet und sich die dort vorhandenen Objekte (bzw. das Wissen über die Objekte und den Umgang mit ihnen) aneignet. Dabei verändert sich der Mensch auch in seiner Subjektivität.

Wir sehen uns im Zusammenhang mit dem Prozess der Aneignung immer mit zwei verschiedenen Ebenen konfrontiert. Da ist zum Einen die Ebene der Subjektivität, die durch unsere Fähigkeiten, Empfindungen, Gedanken, Wünsche usw. gekennzeichnet ist und zum Anderen die Ebene der Objektivität (Lebewesen, Dinge, Beziehungen, Bilder, Schriften usw.). Aufgrund der oben beschriebenen Fähigkeiten sind wir in der Lage, uns die Elemente der objektiven Ebene anzueignen, indem wir uns von der subjektiven Ebene distanzieren und unser Denken und Handeln zum Objekt machen. Diese Distanzierung in einem Prozess der Auseinandersetzung ist die Voraussetzung für Aneignung und für subjektives Handeln. Unter Aneignung verstehen wir also einen aktiven Prozess der Auseinandersetzung mit der (objektiven) Umwelt, der in einem (subjektiven) Erkennen bzw. einer Bewusstmachung mündet. Der in seiner Theorie doch sehr abstrakte Prozess der Aneignung soll anhand eines weiteren Beispiels etwas veranschaulicht werden.

> Zwei Brüder im Alter von drei und fünf Jahren spielen zusammen mit Legosteinen. Der ältere der beiden hat ein Legohaus gebaut und verlässt gerade das Zimmer, um es stolz seinem Vater zu zeigen. Der Dreijährige betrachtet sein Werk, das einem ziemlich schiefen Turm ähnelt und fängt plötzlich an zu weinen. In einem Wutanfall zerstört er seinen Turm und zieht sich in sein Zimmer zurück. Nach einer Viertelstunde geht er zu seinem Vater und bittet ihn darum, mit ihm ein Legohaus zu bauen. Nach einer halben Stunde und vielen guten Tipps von seinem Papa, setzt er strahlend den letzten Stein in „sein" Legohaus. Was war passiert?

Das Wissen um seine (im Vergleich zum älteren Bruder) begrenzten Fähigkeiten lösen beim jüngeren Bruder Gefühle der Wut und Trauer aus. Die Legosteine, sein schiefer Turm sowie das Legohaus seines Bruders stellen dabei Elemente der objektiven Ebene dar, während sein Gefühl der Trauer und Wut sowie die eigenen (begrenzten) Fähigkeiten im Lego bauen auf der subjektiven Ebene liegen. Nach seinem Wutanfall zieht sich der jüngere Bruder zurück, um sich mit der Situation zu befassen. In einem Prozess der Auseinandersetzung „verschiebt" er den Wunsch, ein Legohaus bauen zu können, von der subjektiven auf die objektive Ebene und gibt damit gleichzeitig seine alte Identität auf. Der Vater vermittelt ihm schließlich das nötige Wissen für den Bau des Legohauses. Am Ende hat sich der jüngere Bruder die Fähigkeit angeeignet, ein Legohaus zu bauen. Dadurch hat er sich in seiner Identität verändert bzw. weiter entwickelt.

Natürlich hätte der dreijährige Junge auch anders handeln bzw. reagieren können und unter anderen Gesichtspunkten wäre es sicherlich sinnvoll gewesen, wenn der jüngere Bruder einen eigenen Wunsch entwickelt hätte, anstatt das „Legohaus" von seinem Bruder zu adaptieren. Daher wird hier noch einmal explizit darauf hingewiesen, dass dieses Beispiel ausschließlich dazu dient, den Aneignungsprozess zu veranschaulichen.

Prozess der Aneignung

Subjektive Ebene:	*Objektive Ebene:*
▣ Erkenntnis über mangelnde Fähigkeiten	▣ Legosteine
▣ Trauer, Wut	▣ Haus des Bruders
▣ Wunsch, ein Haus bauen zu können	▣ schiefer Turm

Selbstreflexion, Identität, Veränderung

Auseinandersetzung:
- ▣ „Mein Bruder kann viel besser mit Lego bauen als ich."
- ▣ „Ich will auch ein Legohaus bauen können."
- ▣ „Ich frage Papa, ob er mir hilft."
- ▣ Wunsch, ein Haus bauen zu können.

Neue Subjektivität:
- ▣ Fähigkeit, ein Haus zu bauen
- ▣ Freude, Stolz

In dem voran gegangenen Beispiel vermittelt der Vater seinem Sohn die Fähigkeit, ein Legohaus zu bauen. Damit sind wir beim zweiten zentralen Begriff aus Winklers Erziehungsdefinition angekommen: Der Vermittlung. Vermittlung bedeutet die Weitergabe von Elementen der objektiven Ebene. Das setzt natürlich voraus, dass derjenige, der vermittelt, sich den Gegenstand der Vermittlung vorher selbst angeeignet hat. Auf diese Weise wird das Wissen der Menschen von Generation zu Generation weitergegeben und dabei ständig ergänzt und weiterentwickelt. Diese Methode erspart den Menschen eine Menge Zeit und Mühe und ist die Voraussetzung für Entwicklung und Fortschritt – auch wenn sich über den Sinn und Nutzen gewisser Aneignungsobjekte sicherlich streiten ließe. Der Prozess von Vermittlung umfasst sowohl die aktive, unmittelbare Weitergabe von Informationen (z. B. Bildung) und Handlungsweisen (z. B. Sitten und Gebräuche) als auch die eher passive und mittelbare Vermittlung als Orientierungsperson oder als Vorbild (im Guten wie im Schlechten).

Den Gegenstand von Aneignung und Vermittlung nennt Winkler das „gesellschaftlich-geschichtliche Erbe" oder auch den „dritten Faktor". Dieser beinhaltet Wissen, Dinge und Sachen, Technologien, Institutionen, Recht und Gesetze, Sitten, Gebräuche und Traditionen usw. Ohne den dritten Faktor wäre kein Zusammenspiel zwischen Aneignung und Vermittlung – keine Erziehung – möglich. Die sozialpädagogische Problemstruktur liegt nun darin, dass im dritten Faktor Bedingungen gegeben sind, die den Prozess von Vermittlung und Aneignung verhindern, stören oder beeinträchtigen. Diese Bedingungen fasst Winkler in drei Dimensionen zusammen.

3.3 Die drei Dimensionen des sozialpädagogischen Problems

1. Das gesellschaftlich-geschichtliche Erbe steht den Jugendlichen in unterschiedlichem Maße zur Verfügung. Gründe dafür können in der Gesellschaftsform, den Eigentumsverhältnissen oder der Herrschaftsausübung liegen.
2. Der Wandel des gesellschaftlich-geschichtlichen Erbes vollzieht sich so schnell, dass die ältere Generation selbst zum Subjekt der Aneignung wird (z.B. durch technischen Fortschritt).
3. Jugendliche laufen bei einem Mangel an Vermittlung Gefahr, sich falsche Realitäten anzueignen. Winkler spricht in diesem Zusammenhang von „misslungener Aneignung" (z.B. bei Kriminalität oder Drogenkonsum; vgl. Winkler 1988, 117ff.).

Die *erste Dimension* des sozialpädagogischen Problems ist durch den *Mangel an möglichen Aneignungsobjekten* gekennzeichnet. So wird Angehörigen bestimmter Gruppen (z.B. Aussiedler, Sozialhilfeempfänger, Arbeitslose) der Zugang zu bestimmten Teilen des gesellschaftlich-geschichtlichen Erbes (dritter Faktor) verwehrt. Typische Bestandteile bzw. Inhalte des dritten Faktors, die den Menschen in unterschiedlichem Umfang zur Verfügung stehen, kommen aus den Bereichen Bildung, Gesundheit, Wohnen, Reisen, Medien, Arbeit, Kleidung usw. Im Falle von Aussiedlern kommt das Problem hinzu, dass sie sich in ihrer Heimat bereits Elemente des dritten Faktors (z.B. Sprache, Kultur) angeeignet haben, die in Deutschland keine oder nur wenig Gültigkeit haben. Dieses Problem wurde in Kapitel 2.10 am Beispiel von Addos Betreung deutlich, der wegen sozialer Benachteiligung auf kostenlos zur Verfügung stehende Aneignungsobjekte angewiesen war und deshalb nicht Mitglied im Fußballverein werden konnte.

Um das Wesen der ersten Dimension des sozialpädagogischen Problems zu verdeutlichen, fassen wir ihren Gegenstandsbereich unter dem Kennwort „materielle Armut und kulturelle Einschränkung" zusammen – auch, wenn man bei dieser Formulierung möglicherweise erst einmal an verhungernde Kinder in den Ländern der Dritten Welt denken mag. Ein großer Teil der privilegierten Bevölkerung ist sich nicht bewusst, dass mitten unter uns, überall in Deutschland, Kinder und Jugendliche in Armut leben. Die Unterschiede zwischen „arm" und „reich" werden stetig größer – ebenso wie die Zahl derer, die am Rand der Armutsgrenze leben. Ohne die soziale Situation in Deutschland an dieser Stelle bewerten zu wollen, lässt sich feststellen, dass die erste Dimension des sozialpädagogischen Problems zunehmend an Bedeutung gewinnt. Ohne ausreichenden Zugang zu den möglichen Aneignungsobjekten

(z. B. Bildung) aufgrund materieller Armut, finden Vermittlung und Aneignung auf einem Niveau statt, das in erster Linie auf Existenzsicherung bedacht ist.

> „Nicht nur, dass Vermittlung unterbleibt, vielmehr werden über Mechanismen der Herrschaftssicherung einzelne oder einzelne Gruppen von der historisch prinzipiell möglichen Humanisierung ausgeschlossen. Obwohl potentiell aneignungsfähig, duldet man die Aneignung nur auf einem archaischen Level ..." (Winkler 1988, 11)

Die Bedingungen der zweiten Dimension sind seit Beginn der Industrialisierung und den damit verbundenen Folgen (Ausdifferenzierung und Spezialisierung auf dem Arbeitsmarkt, Mobilität, Freizeitangebote) zunehmend häufiger anzutreffen. Vor dieser Entwicklung war es durchaus üblich, dass ein Schuhmacher sein „Fachwissen" an seinen Sohn weiter gab. Traditionen, Stände und Klassen wurden über Generationen hinweg beibehalten. Die Menschen lebten vor dem Industriezeitalter (vor 1800) vorwiegend auf dem Land und blieben meist ihr ganzes Leben in der unmittelbaren Umgebung ihres Geburtsortes. Ganze Generationen durchliefen somit gemeinsam die Entwicklung von der Phase überwiegender Aneignung bis hin zu den Trägern der Vermittlungstätigkeit.

Ein Vater, der in der heutigen Zeit sein Geld als Fernfahrer verdient, in seiner Freizeit Country-Musik hört und gerne ab und zu mit ein paar Freunden kegeln geht, kann seinem Sohn kaum die nötigen Inhalte des dritten Faktors vermitteln, da dieser später Stuntman werden möchte und sich für Computerspiele und „Hip-Hop-Musik" interessiert. Aufgrund der hohen Geschwindigkeit in der Welt des technologischen Fortschritts (z. B. Medien, Computer) und einer stetig steigenden Auswahl an Lebensentwürfen (Berufe, Freizeitmöglichkeiten, Mobilität usw.) befinden sich Vater und Sohn gewissermaßen auf der selben Ebene – beide sind Aneignungssubjekte, wodurch die Vermittlung auf diesem Gebiet ausfällt. Im schlimmsten Fall kommt es dazu, dass „die faktisch jüngere die faktisch ältere Generation in ihrem Bezug zum dritten Faktor überholt" (Winkler 1988, 118). Die genannten Beispiele mögen ein wenig klischeehaft erscheinen, aber sie spiegeln durchaus das Wesen der zweiten Dimension wider:

> „... für die ältere Generation als möglichem Subjekt der Vermittlung ist das Alte nicht mehr, das Neue aber noch nicht vermittelbar. Während nun die ältere Generation mit der Illusion von der Gültigkeit des ihr Gegebenen leben kann, findet die jüngere Generation nichts vor, das durch Tradition gesichert wäre. Sie steht dem Neuen in der Situation des Erstanfangs gegenüber." (Winkler 1988, 119)

Die Begleitumstände dieser Kategorie des sozialpädagogischen Problems erscheinen in der Soziologie im Zusammenhang mit dem gesellschaftlichen Phänomen der Individualisierung (vgl. Beck 1986). Dieser Begriff beschreibt „die allmähliche Herauslösung der Menschen aus überkommenen Sozialformen ..., Sozialmilieus ... und Orientierungen (Doehlemann 2000, 8). Als Folge der Individualisierung gewinnt der Mensch mehr Freiheit, größere Wahlmöglichkeiten sowie die Chance zur freien Entfaltung. Somit wird das Individuum zunehmend selbst für seine eigene Lebensplanung verantwortlich. Im Gegensatz dazu waren die Angehörigen früherer Gesellschaftsformen meist an einen Ort gebunden, lebten in einer Gemeinschaft mit Nachbarn und Verwandten, gehörten einem bestimmten Stand an und folgten den überlieferten Traditionen und Sitten.

Eine weitere Folge der Individualisierung ist die Pluralisierung von Werten. Dadurch, dass feste und allgemeingültige Werte durch Religionen oder Traditionen immer mehr an Bedeutung verlieren, ist das Individuum auch zunehmend für die Zusammenstellung und Befolgung seiner Werte selbst verantwortlich. Bestimmte Werte und Normen (z.B. aus Religionen), die in einer anderen Zeit entstanden sind, können einem heute fragwürdig bzw. nutzlos erscheinen.

Als Kennwort der *zweiten Dimension* des sozialpädagogischen Problems wählen wir den Begriff *Orientierungsarmut*. Da die vermittelbaren Aneignungsobjekte der älteren Generation für die jüngere Generation nicht mehr zeitgemäß sind, stehen Jugendliche zunehmend vor der schwierigen Aufgabe „ihre" Aneignungsobjekte selbst wählen zu müssen. Davon sind insbesondere Fragen der Lebensplanung betroffen (z.B. Berufswahl, Art und Weise der Freizeitgestaltung).

Die dritte Dimension des sozialpädagogischen Problems unterscheidet sich in ihrer Struktur von den anderen Dimensionen. Während in beiden anderen Fällen der Aneignungsprozess gestört wird, findet hier eine Form der Aneignung statt, die in falschen Bahnen verläuft. Diese sogenannte „misslungene Aneignung" entsteht durch den Ausfall von Vermittlung und kann durchaus noch von den anderen Ebenen des sozialpädagogischen Problems verstärkt werden (z.B. durch materielle Armut). Sie äußert sich in Form von Kriminalität, Gewalt, Lethargie, Drogenkonsum o.ä. Betroffen von dieser Form des sozialpädagogischen Problems sind Jugendliche, die – aufgrund mangelnder Vermittlung – schon früh auf sich selbst gestellt sind und daher Strategien entwickeln müssen, um ihr „Überleben" in ihrem Lebensumfeld zu sichern.

Die Bedingungen der *dritten Dimension* des sozialpädagogischen Problems fassen wir unter dem Kennwort *Verwahrlosungstendenzen* zusammen. Dabei handelt es sich um einen Begriff, der bereits im 19. Jahrhundert im gleichen Zusammenhang verwendet wurde. Tabelle 3.1 zeigt die drei Dimensionen des sozialpädagogischen Problems im Überblick.

Tab. 3.1: *Die drei Dimensionen des sozialpädagogischen Problems im Überblick*

	Vermittlungs-tätigkeit	Aneignungs-prozess	Kennwort
1. Dimension	findet nicht (bzw. in nicht ausreichendem Maße) statt	gestört: kein Zugang zu potentiellen Aneignungsobjekten	materielle Armut und kulturelle Einschränkung
2. Dimension	findet nicht (bzw. in nicht ausreichendem Maße) statt	gestört: Aneignungs-objekte werden nicht vorge-geben, müssen selbst ausge-wählt werden	Orientierungs-armut
3. Dimension	findet nicht (bzw. in nicht ausreichendem Maße) statt	gestört: Subjekt eignet sich falsche Realitäten an – – „misslungene Aneignung"	Verwahrlosungs-tendenzen

3.4 Konsequenzen für die Handlungsebene

Ziel der theoretischen Überlegungen war es, in einem ersten Schritt (Theorieebene) die Phänomene Jugend, Erziehung und Gesellschaft in einen stimmigen Zusammenhang zu bringen, um eine – möglichst allgemeingültige – theoretische Basis für die Arbeit bzw. den Umgang mit Jugendlichen zu erhalten. In einem zweiten Schritt (Handlungsebene) soll es dann möglich sein, von dieser Basis ausgehend auf den Einzelfall zu schließen. Bevor die Handlungsebene anhand einiger Praxisbeispiele im folgenden exemplarisch dargestellt wird, fassen wir die zentralen Erkenntnisse der Theorieebene noch einmal zusammen.

Erziehung (im sozialpädagogischen Sinn) vollzieht sich in dem Zusammenspiel zwischen Aneignung und Vermittlung des gesellschaftlich-geschichtlichen Erbes (dritter Faktor). Kinder und Jugendliche befinden sich dabei vorwiegend im Prozess der Aneignung, während der älteren Generation (Eltern, Erwachsene) die Vermittlungstätigkeit zukommt. Nun herrschen in der Gesellschaft Bedingungen, die das Zusammenspiel von Aneignung und Vermittlung stören oder gar unterbrechen können. Diese Bedingungen des sozialpädagogischen Problems lassen sich in drei Dimensionen zusammenfassen. Allen drei Dimensionen des sozialpädagogischen Problems ist gemeinsam, dass keine Vermittlung mehr stattfindet und der Aneignungsprozess gestört bzw. unterbrochen wird oder sogar in falschen Bahnen verlaufen kann.

Aus den Erkenntnissen der Theorieebene lassen sich nun einige – relativ allgemeingültige – Schlussfolgerungen über die Zusammenhänge zwischen den Phänomenen Jugend, Erziehung und Gesellschaft ableiten:

1. Erziehung ist ein aktiver Prozess aller Beteiligten: Jugendliche befinden sich im Idealfall im Prozess der Aneignung und sind dabei auf Vermittlung von Seiten der älteren Generation angewiesen.
2. Das sozialpädagogische Problem ist ein Erziehungsproblem, d.h. Jugendliche und Eltern (Erwachsene) sind von Störungen gleichermaßen betroffen.
3. Die Ursachen für das sozialpädagogische Problem sind in den Bedingungen des dritten Faktors begründet, die sich in drei Dimensionen zusammen fassen lassen.

Diese Erkenntnisse der Theorieebene sollen uns im Folgenden als Basis für die Arbeit bzw. den Umgang mit Jugendlichen dienen. Natürlich helfen uns diese höchst abstrakten Aussagen für sich allein genommen noch nicht weiter. Wir sind nun im Besitz eines Werkzeugkastens, der erst noch mit unserem Handwerkszeug gefüllt werden muss. Die Wahl der Werkzeuge (dies Buch steckt voll davon) ist natürlich jeder und jedem selbst überlassen, aber es erleichtert die Auswahl ungemein, wenn man den Aufgabenbereich eingrenzen kann. Was wollen professionelle Erzieher eigentlich mit den Jugendlichen erreichen? Was ist die Aufgabe der Sozialarbeiterin bzw. des Sozialpädagogen? Auch hier gibt uns die Theorieebene eine eindeutige – wenn auch sehr allgemeine – Antwort:

> Im Bereich der Handlungsebene liegt die **zentrale Aufgabe der Sozialpädagogik** darin, die Funktion der Vermittlung zu übernehmen bzw. zu gewährleisten und den Klienten in anleitender und beratender Form zu motivieren, den Prozess der Aneignung fortzuführen bzw. aufzunehmen – denn diese Tätigkeit kann die Sozialarbeiterin dem Klienten nicht abnehmen.

Diese knappe Definition der sozialpädagogischen Handlungsebene erstreckt sich auf das gesamte Spektrum psychosozialer bzw. sozialpädagogischer Maßnahmen, Institutionen und Tätigkeiten: Kinderkrippen,

Kindergärten, Jugendzentren, soziale Dienste, Kinder- und Jugendheime, Drogenberatungsstellen, Erziehungsbeistandschaften, sozialpädagogische Familienhilfen, Jugendgerichtshilfe, Berufsberatung, soziale Gruppenarbeit, Streetwork usw. Trotz dieser heterogenen und mittlerweile fast unüberschaubaren Landschaft der sozialpädagogischen Berufsfelder bleibt der Aufgabenbereich stets der Gleiche. Dabei lassen sich Beratungsangebote, materielle Hilfen sowie Netzwerkarbeit eher dem Bereich der Vermittlung bzw. der Gewährleistung von Vermittlung zuordnen, während Gruppenangebote (z.B. Streetwork) und Jugendzentren in erster Linie versuchen, Aneignungsgegenstände bereit zu stellen. Oft reicht diese Bereitstellung schon aus, um bei Jugendlichen Neugierde und Interesse zu wecken. Genaugenommen fungieren diese Angebote jedoch als Köder, um mit den Jugendlichen in Kontakt zu kommen. Der persönliche Kontakt ist die Voraussetzung für den Aufbau von Beziehung – und Beziehung ist wiederum die Voraussetzung für Vermittlung und Aneignung. Ohne eine gegenseitige und vertrauensvolle Beziehung werden professionelle Helferinnen und Helfer Jugendliche nicht erreichen. Wie schwer Beziehungsarbeit sein kann, wenn der Aneignungsprozess unterbrochen wurde, zeigt das Beispiel von Addo (siehe Kap. 2.10). Es zeigt aber auch, dass Beziehungsaufbau zu den grundlegenden Methoden im Umgang mit Jugendlichen gehört.

Auf der sozialpädagogischen Handlungsebene kann man zwischen zwei verschiedenen Handlungsbereichen unterscheiden. Der erste Bereich umfasst jene Einstellungen, Handlungen und Maßnahmen, die zu einer gelingenden Entwicklung bei Jugendlichen beitragen und das sozialpädagogische Problem quasi gar nicht erst entstehen lassen. Dieser Bereich der Handlungsebene lässt sich auch mit dem Begriff der Aktion umschreiben. Hier sind alle aufgerufen, ihren „sozialpädagogischen" Teil zum Wohl der Jugend beizutragen. Dies kann in Form von Aufmerksamkeit gegenüber Jugendlichen, sozialem Engagement, ehrenamtlichen Tätigkeiten, der Schaffung von Räumen für Jugendliche, der Bereitstellung von Ausbildungsplätzen u.v.m. erfolgen. Leider wird diesem ersten Bereich in Wissenschaft und Fachkreisen wenig bis gar keine Aufmerksamkeit geschenkt, obwohl hier der Schlüssel zur Lösung des sozialpädagogischen Problems verborgen liegt. Auch in Politik und Gesellschaft wird der Bereich der gelingenden Erziehung und Sozialisation als selbstverständlich angesehen. Daher wird es auch kaum für nötig gehalten, Engagement und Finanzmittel in diese präventive sozialpädagogische Handlungsebene zu investieren. Die Aufmerksamkeit aller Beteiligten gilt in erster Linie dem zweiten Bereich der sozialpädagogischen Handlungsebene, den Winkler (1988) auch als „Reaktion auf das sozialpädagogische Problem" bezeichnet. Hier sind in erster Linie sozialpädagogische „Profis" gefordert, unter teilweise schwierigsten Bedingungen (schlechte Bezahlung, geringe finanzielle

Mittel, oft starke psychische Belastung) auf Missstände und Fehlentwicklungen innerhalb des dritten Faktors zu reagieren.

Die sozialpädagogische Handlungsebene im Bereich der Reaktion kann nun vor dem Hintergrund der Theorieebene strukturiert werden, um eine generelle Vorgehensweise im Umgang mit Jugendlichen zu entwickeln. Dazu wird nach der Kontaktaufnahme ermittelt, ob ein sozialpädagogisches Problem vorliegt. Oft liegen die Ursachen für Aneignungsstörungen auch im psychischen Bereich (s. Fallbeispiel: Gaby). Im Falle eines sozialpädagogischen Problems wird dann festgestellt in welcher Dimension bzw. in welchen Dimensionen die Ursachen liegen. Anschließend wird die Vorgehensweise grob festgelegt, wie Vermittlung gewährleistet bzw. der Aneignungsprozess zum Laufen gebracht werden kann. Dann folgt die große Unbekannte: Der Beziehungsaufbau. Wichtige Faktoren für den Beziehungsaufbau sind Authentizität, Erfahrung, ein ehrliches Interesse an Jugendlichen, eine gefestigte und „interessante" Persönlichkeit sowie ein feines Gespür bzw. Intuition (vgl. Kap. 2). Die eigentliche Arbeit, die Erreichung der gesetzten Ziele, kann im Prinzip erst dann erfolgen, wenn Jugendlicher und Betreuer in Beziehung zu einander stehen. Je nach Auftrag und Zielsetzung werden dann die Vorgehensweise und die Wahl der Methoden – oft auch im Austausch mit Klienten und Beteiligten (z.B. Eltern) – spezifiziert bzw. festgelegt. Eine Strukturierung könnte z.B. im Fall einer Erziehungsbeistandschaft (§ 30 KJHG) folgendermaßen aussehen:

- ▨ Kontaktaufnahme
- ▨ Klärung der Fallsituation:
    - – Liegt ein sozialpädagogisches Problem vor?
    - – Welche Dimension(en)?
    - – Zielsetzungen im Einzelfall?
    - – Ressourcen?
- ▨ Beziehungsaufbau
- ▨ Wahl der Methoden (vgl. dazu: Galuske 1998, Stimmer 2000) bzw. der Vorgehensweise
- ▨ gegebenenfalls Falldokumentation

Die Erkenntnisse aus der Theorie- und Handlungsebene sollen im Zusammenhang mit den Fallbeispielen von Frank, Gaby, Addo und Arne noch einmal veranschaulicht werden. Dabei geht es insbesondere darum, die Theorie der drei Dimensionen des sozialpädagogischen Problems auf die Praxis anzuwenden oder anders formuliert: Es geht darum, vom Gesamten auf den konkreten Einzelfall zu schließen.

3.5   Anwendungsbeispiele

3.5.1   Fallbeispiel: Frank

Das sozialpädagogische Problem

Im Fall von Frank fiel nach der Trennung seiner Eltern der Vater als männlicher Vermittler aus. Seine Mutter befindet sich zum großen Teil selbst noch im Prozess der Aneignung, um ihr Leben auf die Reihe zu bekommen. Dabei ist sie mit der Erziehung ihrer beiden Söhne völlig überfordert. Sie flüchtet sich oft in ihre Welt der Esoterik, weswegen sie von Frank oft verachtet wird. Zudem hat die Trennung seiner Eltern bei Frank ein starkes Gefühl des Allein-gelassen-worden-Seins ausgelöst. Dadurch hatte er große Probleme Beziehungen zu Gleichaltrigen und Erwachsenen aufzubauen. Frank war also intelligent und potentiell aneignungsfähig, litt aber zu Beginn der Betreuung unter seiner Beziehungsstörung und der zweiten Dimension des sozialpädagogischen Problems – der Orientierungsarmut.

Lösungsvorschlag

Der wichtigste Teil in der Betreuung von Frank war der Beziehungsaufbau. Zu Beginn der Betreuung tat Frank alles dafür, seinen Betreuer zu enttäuschen und ihm zu zeigen, dass er niemanden bräuchte – und erst recht keinen Erwachsenen. Immerhin hatte er schon mal einen Betreuer „geschafft". Nach und nach entwickelte sich ein dünnes Beziehungsband, das jedoch beim kleinsten Anlass zu zerreißen drohte. In dieser Zeit war es wichtig ausschließlich an der Beziehung zu arbeiten und Frank nicht unter Druck zu setzen bzw. ihm nicht zu hohe Anforderungen zu stellen. Das Durchhaltevermögen seines Betreuers muss ihn schließlich so beeindruckt haben, dass er seine Abwehrhaltung nach und nach aufgab. Ähnlich wie in der dritten Dimension ist es auch hier wichtig, bei den Jugendlichen die Akzeptanz als Vermittler zu bekommen bzw. sich die Akzeptanz zu verdienen. Ist dies geschehen, hat man bei dem Problem der Orientierungsarmut (im Vergleich zu den anderen Dimesionen) sicherlich die besten Erfolgsaussichten.

3.5.2   Fallbeispiel: Gaby

Das sozialpädagogische Problem

Das Zusammenspiel von gelungener Aneignung und Vermittlung – die Erziehung im sozialpädagogischen Sinne – hat ein übergeordnetes Ziel: Aufbau, Festigung und Entwicklung von Identität. Oft sehen sich Jugendliche in ihrer Entwicklung Hindernissen ausgesetzt, deren Ursachen in den gesellschaftlichen Bedingungen liegen – in diesem Fall liegt ein sozial-pädagogisches Problem vor. Dies ist jedoch nicht immer der Fall. Faktoren, die eine gelungene Entwicklung be- bzw. verhindern, können auch medizinische oder psychische Ursachen haben. Bei schulischen Aneignungs-störungen liegen nicht selten Seh- oder Hörschwächen vor. Eine eindeutige Diagnose in Bezug auf die Ursachen ist jedoch oft schwierig, da sich die verschiedenen Bereiche überlagern, teilweise sogar gegenseitig bedingen oder verstärken können. Im Fall von Gaby gibt es eindeutige Anzeichen dafür, dass die psychischen Ursachen überwiegen: Ihre bereits starke Gesundheitsgefährdung durch die fortgeschrittene Magersucht, der über-zogene Leistungsdruck, der gestörte Kontakt zu sich selbst. Das sozial-pädagogische Problem, das bei Gaby mit beteiligt ist, liegt im Bereich der Orientierungsarmut. Die Eltern sind zwar durchaus bemüht, aber dennoch nicht in der Lage, Gaby angemessene Orientierung für eine gelungene Ent-wicklung als Frau zu bieten. Der Versuch, ihre Eltern als Vermittler zu akzeptieren, setzt Gaby zusätzlich stark unter Druck.

Lösungsvorschlag

Wenn es – wie im Fall von Gaby – Anzeichen für psychische Störungen gibt, ist es sinnvoll, eine Psychologin oder einen Therapeuten einzuschal-ten. Die Identifizierung und Einordnung von Entwicklungshindernissen (Diagnose) gehört dabei ebenso zum professionellen Handwerkszeug des Sozialarbeiters, der Sozialpädagogin, wie die Aktivierung adäquater Hilfe-maßnahmen. In einem ersten Schritt gelang es der hinzu gezogenen Berate-rin, einen engen Kontakt zu Gaby aufzubauen. Auf dieser Basis war es dann möglich, Gabys „Nadel in eine andere Rille" zu setzen. Dabei über-nimmt die therapeutische Beraterin mit der Zeit auch zunehmend die Funktion der Orientierungsperson. Mit Blick auf das sozialpädagogische Problem in Form von Orientierungsarmut war es wichtig, Gaby dabei zu unterstützen, sich von ihren Eltern abzugrenzen und Zugang zu ihren Lebensimpulsen zu finden. Bemerkenswert dabei ist Gabys hohe Aneig-nungsbereitschaft. Auf diese Weise entsteht im Verlauf der Betreuung der für ihre Entwicklung so förderliche Prozess des nachträglichen Leben-lernens.
  In Fällen von Ablösung und Trennung von den Eltern sollten alle Betei-ligten immer daran denken, dass der Begriff „Schuld" zwar im juristischen, nicht aber im pädagogischen Sinn vorkommt – professionelle (Sozial-) Pädagogen bzw. Pädagoginnen sprechen in diesem Zusammenhang von Ursache und Wirkung, Wechselwirkungen oder Verstrickungen.
  Das Fallbeispiel von Gaby zeigt sehr deutlich, wie eng die Bereiche Sozialpädagogik und Psychologie bzw. Psychotherapie mitunter zusam-

menliegen. Professionelles Arbeiten (in welchem Bereich auch immer) erfordert daher, einen guten Überblick über das eigene „Handwerkszeug" und die Ressourcen der zur Verfügung stehenden unterstützenden lokalen Infrastruktur.

3.5.3 Fallbeispiel: Addo

Das sozialpädagogische Problem

Die Betreuung von Addo gestaltete sich – trotz seiner Mitarbeit – von Anfang an als sehr schwierig, da das sozialpädagogische Problem bei ihm gleichermaßen in zwei Dimensionen vorlag. Da Addo in einer kinderreichen kurdischen Familie lebt, die Sozialhilfe bezieht, ist er von vornherein von einer ganzen Reihe von Aneignungsobjekten ausgeschlossen. So war Addo z.B. noch nie mit seiner Familie im Urlaub, besaß kein eigenes Fahrrad und bekommt meist die getragenen Hosen und Pullover von seinem älteren Bruder. Zudem machte Addo bereits die Erfahrung, dass er als „Ausländer" teilweise abgelehnt wird, dass er „anders" ist als deutsche Kinder oder zumindest anders behandelt wird. Er ist sich dessen durchaus bewusst. Addo ist also zum einen von der ersten Dimension des sozialpädagogischen Problems in Form von materieller Armut und kultureller Einschränkung betroffen. Da Addo keinen Kontakt mehr zu seinem Vater hat und seine Mutter kaum deutsch spricht und sich davon abgesehen selbst noch im Prozess der Aneignung befindet, fällt für Addo zum anderen die Vermittlung aus. Das Einzige, was Addos Mutter ihm vermitteln kann, sind Werte einer Kultur, die Addo in Deutschland wenig Nutzen bringen (zumindest aus Addos Sicht). Addo ist – zusätzlich zur ersten – also auch noch von der zweiten Dimension des sozialpädagogischen Problems betroffen – der Orientierungsarmut.

Lösungsvorschlag

Die erste Dimension des sozialpädagogischen Problems schränkt die Arbeit von Sozialarbeiterinnen und Sozialarbeitern oft stark ein, da die Eltern Vereinsbeiträge, Jugendaktionen und -fahrten oder andere kostenträchtige Veranstaltungen nicht bezahlen können. Eine gute Vernetzung und Zusammenarbeit unter den sozialen Trägern und Anbietern (z.B. Ferienfreizeit, kostenlose Angebote in Stadtteilläden, Stiftungen, Spendentöpfe) können hier jedoch einiges bewirken. Dabei hängt auch viel von dem Engagement und der Findigkeit der professionellen Helfer ab. Eine weitere Schwierigkeit dieser Dimension des sozialpädagogischen Problems liegt darin, die große Diskrepanz zwischen Anspruch und Wirklichkeit auszugleichen – der Diskrepanz zwischen eigenen Fähigkeiten und Möglichkeiten sowie dem durch Medien verbreiteten Anspruchsdenken der jungen Generation (Mode, Aussehen, Statussymbole). Auch Addo möchte gerne schlau, groß, stark und reich sein, sieht seine Möglichkeiten aber kaum realistisch und ist auch nicht bereit, etwas dafür zu tun. Die Folge dessen ist seine maßlose Selbstüberschätzung sowie Angeberei vor seinen Klassenkameraden. Nehmen diese ihm seine Geschichten nicht ab, kommt es zu Gewalt- und Wutausbrüchen. Auch fehlt ihm eindeutig eine männliche Bezugsperson, die ihm Orientierung bietet und ihm Grenzen setzt. Die beste Möglichkeit, Addos Selbstbewusstsein zu stärken, liegt darin, ihm zu helfen, seine Fähigkeiten zu verbessern bzw. sich bestimmte Fähigkeiten anzueignen. Ansonsten kann es für professionelle Helfer eine sehr dankbare Aufgabe sein, Jugendlichen bezüglich der zweiten Dimension des sozialpädagogischen Problems Orientierung zu bieten, da die Jugendlichen dies meist explizit wünschen, wenn erst einmal eine Beziehung zum Betreuer geknüpft wurde.

3.5.4 Fallbeispiel: Arne

Das sozialpädagogische Problem

Arne hat nach der Trennung seiner Eltern keinen Erwachsenen – einschließlich seiner Mutter – als Vermittler akzeptiert. Sein Vater vermittelte ihm, dass man Probleme mit Alkohol und Gewalt löst. Ohne Vermittler – keine Aneignung. Da der Aneignungsprozess bei Arne unterbrochen wurde, ging es für ihn privat (Familie, Freundeskreis) und in der Schule (schlechte Leistungen, kurz vor dem Hinauswurf) kontinuierlich abwärts. Da er es nicht anders gelernt hatte, versuchte er seine Probleme mit starkem Alkoholkonsum und verbalen Gewaltausbrüchen gegenüber seiner Mutter zu lösen. Alkoholkonsum ist ein typisches Beispiel für misslungene Aneignung (dritte Dimension des sozialpädagogischen Problems). Dabei fällt die Vermittlung (wie bei Arne) komplett aus, wodurch der Jugendliche gezwungen wird, eigene Strategien zu entwickeln.

Lösungsvorschlag

Jugendliche, bei denen die Ursache für das sozialpädagogische Problem in der dritten Dimension liegt, wirken nach außen meist selbstbewusst, selbstständig und „erwachsen" – das war auch im Fall von Arne so. Negiert man dieses Erwachsensein in direkter Art und Weise, wird man kaum eine Beziehung zu dem betreffenden Jugendlichen aufbauen können. Jugendliche fühlen sich dann abgelehnt (klein gemacht) und werden sich in ihrer oft negativen Einstellung gegenüber Erwachsenen bestätigt fühlen. So war es auch in Arnes Fall wichtig, ihn in seinem Erwachsensein und in seiner Selbständigkeit zu bestätigen und ernst zu nehmen (groß machen). Auf diese Weise entstand in relativ kurzer Zeit eine gegenseitige, respekt- und vertrauensvolle Beziehung. Arne akzeptierte seinen Betreuer schließlich als Vermittler und „nutzte" ihn zudem als Orientierungsperson. Er begann sich andere (neue) Strategien anzueignen und stellte fest, dass diese seiner einen (alten) Strategie überlegen waren.

Nachwort und Dank

Es war uns eine große Freude, unsere Blickrichtungen zum Thema Begleitung und Beratung von Jugendlichen in diesem Buch vereinigen zu können. Wir tragen doch sehr verschiedene Erfahrungen und Lebensstandorte in uns: Vater und Sohn, alt und jung, Psychologe und Sozialpädagoge, intimer Kenner der personzentrierten Psychologie und intimer Kenner der Aufgaben in der Jugendbetreuung, Hochschullehrer und Jugendarbeits-Praktiker, Alt-68er – wie man so schön sagt – und Kind von 68er-Eltern. Vieles ließe sich hier noch aufzählen.

Eine gemeinsame Überzeugung bildete die Grundlage, dass wir unsere Kenntnisse und Erfahrungen einander inspirierend, respektierend und ergänzend zusammenfließen lassen konnten: die tragende Bedeutung der Beziehung von Person zu Person, die wir sehr ausführlich beschrieben und in den Beispielen gezeigt haben. Eine tragfähige, verbindliche persönliche Beziehung bildet für uns die Grundlage aller Belange im Umgang mit Kindern und Jugendlichen sowie mit Erwachsenen, die Heranwachsenden Orientierung geben möchten. Dies ist ohne Zweifel eine wahre „Kraft des Guten" (Rogers). Oft fehlt eine derartige Beziehung. Die innere Welt von zahlreichen Jugendlichen ist in dieser Hinsicht vielfach so enttäuscht, so resigniert oder auch so misstrauisch, dass es auf Seiten von Erwachsenen, die mit ihnen in Beziehung treten möchten, viel Zeit, Geduld und wohlmeinender Einladungen zur Beziehung bedarf, bis sie sich, oftmals zögernd und prüfend, in die Beziehung eingeben können. Für uns Erwachsene heißt dies „… und es immer wieder versuchen …" – ein Jugendlicher hat dies in einem Gespräch so ausgedrückt.

Bei der Einladung zur persönlichen Beziehung kommen wir Erwachsenen nicht daran vorbei, uns selbst einzugeben, als Person, als Mensch, der einmal selbst jung war und sehr wohl weiß, wie verletzlich Kinder- und Jugendlichenseelen sind und wie einsam es sich anfühlt, in einer verhärteten Schutzhaut herumzulaufen, auch wenn andere dies als Stärke interpretieren, vielleich sogar bewundern. Wenn wir selbst wagen, als Person, als Mensch in Beziehung zu treten, verbindet sich mit unserer Einladung eine Chance. Dies ist wohl mitgemeint mit dem Satz „… und es immer wieder versuchen …". Mit unserem eigenen inneren Wissen und unserer gelebten Erfahrung können wir sagen: „Der Satz stimmt. Es lohnt sich!" Und dies nicht nur bei Vater und Sohn.

Dankbar legen wir nun das Manuskript aus der Hand und in die unterstützenden Hände unserer Lektorin vom Ernst Reinhardt Verlag, Frau Ulrike Landersdorfer, die uns mit zahlreichen Vorschlägen sehr hilfreich betreute. Vielen herzlichen Dank!

Ein würdigendes Dankeschön gilt Angelika Arndt-Langer, Lebenspartnerin und Ehefrau des Senior-Autors. In ausgedehnten Gesprächen, beim Frühstück, auf Spaziergängen oder bei direkter Ratsuche stand sie ihm und uns ermutigend und liebevoll mit Rat und Tat zur Seite. Daran reiften unsere Formulierungen. Liebe Angelika, viele deiner Erfahrungen als Erzieherin, Sozialpädagogin, Psychologin, Psychologische Psychotherapeutin für Jugendliche und Erwachsene, aber auch deine Liebe zu Menschen, wie zu Lebewesen überhaupt, sind in unsere Texte eingewoben und haben sie farbig und lebendig werden lassen. Danke, liebe Angelika!

Zwei weitere helfende Kräfte möchten wir noch erwähnen: Frau Hannelore Schlünkes, Sekretärin am Psychologischen Institut III der Universität Hamburg, hat etliche unserer Tonkassetten mit unseren Gesprächen über unsere Erfahrungen mit Jugendlichen abgetippt und dies auch noch mit der gebotenen Eile, denn wir hechelten immer wieder hinter dem jeweils vorgesehenen Fertigstellungstermin hinterher. Danke!

Na ja, und dir, liebe Julia, jüngste Tochter, jüngste Schwester, danken wir für so manche Randbemerkung zu unseren Sätzen. Wir sahen dich förmlich schmunzeln, wenn bei so manchem unserer Sätze stand: „Hatte Inghard nicht mal etwas mit Verständlichkeit zu tun?" – Ja, liebe Julia, hatte er. Und vielen Dank, dass du uns so oft daran erinnert hast!

Inghard Langer und Stefan Langer

Literatur

Améry, J. (1979): Hand an sich legen. Klett-Cotta, Stuttgart

Beck, U. (1986): Risikogesellschaft – Auf dem Weg in eine andere Moderne. Suhr-kamp, Frankfurt/M
Bielert, D. (2005): Straßenkarrieren von Jugendlichen. Wenn es passiert ist …
 – Schilderungen aus Sicht der Jugendlichen – Ableitungen von Hilfestellungen
 für ihre Eltern. Manuskript, Hamburg
Böll, H. (1980): Das Brot der frühen Jahre. Erzählung. Kiepenheuer & Witsch,
 Köln
Buber, M. (1983): Ich und Du. Verlag Lambert Schneider, Heidelberg
Brecht, B. (1981): Die Gedichte von Berthold Brecht in einem Band. Suhrkamp,
 Frankfurt a. M.
Budelmann, T.-B. (1998): Persönlichkeitsentwicklung durch Theaterarbeit – Doku-
 mentation eines Theaterprojekts mit verhaltensauffälligen Jugendlichen.
 Diplomarbeit, Fachbereich Psychologie, Universität Hamburg

Cohn, R. C. (1993) Es geht ums Anteilnehmen. Herder, Freiburg i. Br.
Csikszentmihalyi, M. (1991): Das Flow-Erlebnis. Jenseits von Langeweile: im Tun
 aufgehen. Klett-Cotta, Stuttgart

Doehlemann, M. (2000): Soziologie von Altersphasen, in: Biermann u. a.: Soziologie
 – Gesellschaftliche Probleme und sozialberufliches Handeln, 3. Aufl., Ernst
 Reinhardt, München/Basel
Dörner, K., Plog U., Teller, C., Wendt, F. (2002): „Irren ist menschlich". Psychiatrie-
 Verlag, Bonn
Drogand-Strud,M., Ottmeier-Glücks, F. G. (2003): Jungenleben bereichern. In:
 Jantz, O., Grote, C. (Hrsg.): Perspektiven der Jungenarbeit. Leske & Budrich,
 Oladen

Erikson, E. H. (1970): Jugend und Krise. Die Psychodynamik im sozialen Wandel.
 Klett, Stuttgart

Farau A., Cohn, R. (1984): Gelebte Geschichte der Psychotherapie. Klett-Cotta,
 Stuttgart
Franke-Gricksch, M. (2004): „Du gehörst zu uns". Systemische Einblicke und
 Lösungen für Lehrer, Schüler und Eltern. Carl-Auer-Systeme-Verlag, Heidelberg
Fthenakis, W. E., Textor, M. R. (Hrsg.) (2001): Online-Familienhandbuch. www.
 familienhandbuch.de (31.1.2005)

Galuske, M. (1998): Methoden der Sozialen Arbeit – Eine Einführung. Juventa, Weinheim / München

Herbert, M. (1996): „Ich bin doch kein Kind mehr!" Mit Jugendlichen in der Familie leben – Ein Handbuch. Huber, Bern
Herkert, R. (1993): Die 90-Sekunden-Pause. Erholung, wann immer Sie sie brauchen. Kleine Übungen für „Zwischendurch". Integral, Wessobrunn
Hoff, B. (1982): Tao Te Puh. Synthesis-Verlag, Essen
Hüther, G. (2002): Biologie der Angst. Wie aus Streß Gefühle werden. Vandenhoeck & Ruprecht, Göttingen

Jessor, R., Jessor, S. L. (1977): Problem behavior and psychosocial developement. A longitudinal study of youth. Academic Press, New York
Johnson, S. M. (1990): Charakter-Transformation. Erkennen. Verändern. Heilen. Trans-Form, Oldenburg
Juul, J. (1997): Das kompetente Kind. Rowohlt, Reinbek

Knußmann, R. (1996): Vergleichende Biologie des Menschen. Lehrbuch der Anthropologie und Humangenetik. Gustav Fischer, Stuttgart / Jena u. a.
Köhler, T. (2001): Biopsychologie. Ein Lehrbuch. Kohlhammer, Stuttgart
Krebs, A. (1994): Die Gewalt hinter sich lassen. In: Langer, I. (Hrsg.) (1994), 110–127

Langer, I. (Hrsg.) (1994): Überlebenskampf im Klassenzimmer. Herder, Freiburg i. Br.
– (2000): Das Persönliche Gespräch als Weg in der psychologischen Forschung. GwG-Verlag, Köln
– (2002): Wirksam werden gegen Gewalt im Umfeld Schule. In: Langer, I. (Hrsg.): Menschlichkeit und Wissenschaft. GwG-Verlag, Köln, 505–519

May, R. (1986): Die Erfahrung „Ich bin". Sich selbst entdecken in den Grenzen der Welt. Junfermann, Paderborn
Münchmeier, R. (2001): Jugend. In: Otto / Thiersch (Hrsg.): Handbuch Sozialarbeit, Sozialpädagogik, 2. Aufl., Ernst Reinhardt, München / Basel

Pennebaker, J. (1991): Sag, was dich bedrückt. Die befreiende Kraft des Redens. Econ, Düsseldorf
Plöhn, I. (1998): Flow-Erleben. Eine erlebnispädagogische Anleitung zum Motivationstraining für Jugendliche. Luchterhand, Neuwied / Kriftel
Prause, G. (1996): Genies in der Schule. Legende und Wahrheit über den Erfolg im Leben. Econ, Düsseldorf

Reddemann, L., Engl, V., Lücke, S. (2003): Imagination als heilsame Kraft. Klett-Cotta, Stuttgart
Reiners, L. (1970): Der ewige Brunnen. C. H. Beck, München
Ringel, E. (o. J.): Früherkennung der Suizidgefahr, Beurteilung und Therapie. Vortrag. Originalmitschnitt. Tropon Werke, Köln
Rogers, C. R. (1974): Lernen in Freiheit. Zur Bildungsreform in Schule und Universität. Kösel, München

– (1982): Meine Beschreibung einer personenzentrierten Haltung. (übers. von G.-W. Speierer) Zeitschrift für personenzentrierte Psychologie und Psychotherapie. 1/1, 75–77

– (1986): Die Kraft des Guten. Fischer Taschenbuch, Frankfurt a. M.

– (1987): Eine Theorie der Psychotherapie, der Persönlichkeit und der zwischenmenschlichen Beziehungen. Entwickelt im Rahmen des klientenzentrierten Ansatzes. Köln, GwG-Verlag

– (2002): Entwicklung der Persönlichkeit. Klett-Cotta, Stuttgart

–, Rosenberg, Rachel (1980): Die Person als Mittelpunkt der Wirklichkeit. Klett-Cotta, Stuttgart

Rogge, H. (1991): So werden Juristen – Genese, Struktur und Dynamik affektiv-kognitiver Bezugssysteme von Juristen, beschrieben nach Gesprächen mit 7 Juristinnen und Juristen Diplomarbeit, Fachbereich Psychologie, Universität Hamburg

Röper, H. (2004): Jungen und Traurigkeit. Gespräche mit Jungen im Alter von 13–17 Jahren über ihre Lebenswelten und ihr Erleben von Traurigkeit. Diplomarbeit, Fachbereich Psychologie, Universität Hamburg

Rosenberg, M. (2003): Gewaltfreie Kommunikation. Junfermann, Paderborn

Satir, V. (1975): Selbstwert und Kommunikation. Familientherapie für Berater und zur Selbsthilfe. Pfeiffer, München

– (1986): „Familienrekonstruktion" Band 1–3. Video-Cooperative-Ruhr (VCR), Dortmund

– (1988): Über menschliche Begegnungen. Video-Cooperative-Ruhr (VCR), Dortmund

– (1997): Kommunikation Selbstwert Kongruenz. 2. Aufl., Junfermann, Paderborn

–, Banmen, J., Gerber, J., Gomori, M. (1995): Das Satir-Modell. Familientherapie und ihre Erweiterung. Junfermann, Paderborn

Sachsse, U. (Hrsg.) (2004): Traumazentrierte Psychotherapie. Theorie, Klinik, Praxis. Schattauer, Stuttgart

Sbrzesny, H. (1976): Die Spiele der Ko-Buschleute unter Berücksichtigung ihrer sozialisierenden und gruppenbindenden Funktionen. Piper, München

Schäfer, M., Frey, D. (1999): Aggression und Gewalt unter Kindern und Jugendlichen. Hogrefe, Göttingen

Seidel, M. H. (1994): Straßenkinder in Deutschland. Schicksale, die es nicht geben dürfte. Interviews, Fakten, Hilfen. Ullstein, Frankfurt

Stern, W. (1923 a): Person und Sache. Bd. 1 Ableitung und Grundlehre. Johann Ambrosius Barth, Leipzig

– (1923 b): Person und Sache. Bd. 2 Die menschliche Persönlichkeit. Johann Ambrosius Barth, Leipzig.

– (1924): Person und Sache. Bd. 3 Wertphilosophie. Johann Ambrosius Barth, Leipzig

Stimmer, F. (2000): Grundlagen des Methodischen Handelns in der Sozialen Arbeit, Kohlhammer, Stuttgart/Berlin/Köln

Strauch, B. (2003): Warum sie so seltsam sind. Gehirnentwicklung bei Teenagern. Berlin-Verlag, Berlin

Tausch, R. (2000): Hilfen bei Streß und Belastung. Rowohlt, Reinbek
–, Tausch, A. (1990): Gesprächspsychotherapie. Hogrefe, Göttingen
Thich Nhat Hanh (1992): Ich pflanze ein Lächeln. Reihe Arkana, Goldmann-Verlag, München
Thies, M. (2000): „Wie schön, daß wir uns fanden – Du und ich." – Gespräche mit Adoptiveltern über die Pubertät ihrer Kinder. Diplomarbeit, Fachbereich Psychologie, Universität Hamburg

Waggerl, K. H. (1956): Liebe Dinge. Otto Müller Verlag, Salzburg
Weinberger, S. (2001): Kindern spielend helfen. Eine personzentrierte Lern- und Praxisanleitung. Beltz, Weinheim / Basel
Wendtland, A. (2002): Gespräche mit studierenden Kindern türkischer Arbeitsimmigranten. Diplomarbeit, Fachbereich Psychologie, Universität Hamburg
Winkler, M. (1988): Eine Theorie der Sozialpädagogik, über Erziehung als Rekonstruktion der Subjektivität. Klett-Cotta, Stuttgart
Wruck, G. (1994): Angst und ohnmächtige Wut – Zur inneren Welt von Gewaltopfern. In: Langer, I. (Hrsg.) (1994), 44–55

Sachregister

Silke Birgitta Gahleitner
Neue Bindungen wagen

Beziehungsorientierte Therapie bei
sexueller Traumatisierung
(Personzentrierte Beratung & Therapie; 2)
2005. 147 Seiten. (3-497-01763-9) kt

Der Schlüssel zum Erfolg in einer
Psychotherapie ist häufig die therapeutische Beziehung. Umso mehr,
wenn Erwachsene an einem schlimmen Vertrauensmissbrauch in der
Kindheit leiden: an den Folgen einer sexuellen Traumatisierung.

Die Autorin verknüpft Erkenntnisse der Bindungsforschung mit
dem personzentrierten Ansatz und zeigt:

- wie frühe Traumata Betroffene in ihrer Entwicklung
  beeinflussen und spätere Beziehungserfahrungen prägen,
- wie man in der therapeutischen Beziehung Vertrauen
  wieder herstellen und vorhandene soziale Ressourcen
  nutzen kann,
- wie Betroffene die vertrauensvolle therapeutische
  Beziehung erleben und dadurch Mut fassen, sich auf
  Menschen neu einzulassen.

ℰ⅃ reinhardt
www.reinhardt-verlag.de

Jeanette Bischkopf
Angehörigenberatung bei Depression

(Personzentrierte Beratung & Therapie; 3)
2005. 111 Seiten. (3-497-01759-0) kt

Leidet ein Partner unter schwerer Depression, muss der andere eine Vielzahl von Aufgaben stellvertretend übernehmen: Betreuung der Kinder, Hausarbeit, für den Unterhalt sorgen, Kontakte nach außen pflegen – und vor allem verständnisvoll den kranken Partner unterstützen. Eine Belastungsprobe für die ganze Familie?

Hier kann personzentrierte Angehörigenberatung helfen. Ausgehend von den Erfahrungen der Angehörigen wird gezeigt,

- wie man Angehörige über die Krankheit informiert,
- wie man Zweifel, Sorgen, Wut und Erschöpfung aufspürt,
- wie man mit Krisensituationen umgeht.

ℰ∨ reinhardt
www.reinhardt-verlag.de

Inghard Langer
Friedemann Schulz von Thun
Reinhard Tausch
**Sich verständlich
ausdrücken**

7., überarb. und erw. Auflage 2002.
222 Seiten. (3-497-01606-3) kt

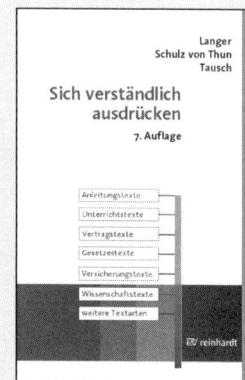

Viele Bücher und Artikel, vor allem
Antragsformulare, Vertragstexte und
Verträge sind in der Regel unverständ-
lich und schwer lesbar. Dabei könnte bereits mit nur vier
Merkmalen der Verständlichkeit den Lesern und Zuhörern viel
Mühe erspart werden. Eine Fülle von Beispielen an Unterrichts-
texten, Versicherungstexten, Wissenschaftstexten, Verlautba-
rungen von Behörden u. a. sowie ein einfaches Trainingspro-
gramm ermöglichen es jedem Leser, sich künftig verständlicher
auszudrücken. Das Buch ist geschrieben für Lehrer aller Schul-
arten, Personen in Verwaltung, Wirtschaft und Politik – kurz für
alle, deren Aufgabe es ist, andere zu informieren und sich dabei
verständlich auszudrücken.

Ɛⱴ reinhardt
www.reinhardt-verlag.de

Wilfried Weber
Wege zum helfenden Gespräch

Gesprächspsychotherapie in der Praxis
12. Auflage 2000. 211 Seiten.
(3-497-01307-2) kt

Leicht verständlich und lebendig führt dieses Standardwerk in
die Praxis der Gesprächspsychotherapie ein. Ausgehend vom
Personzentrierten Ansatz Carl Rogers´ werden Elemente und
Methoden des helfenden Gesprächs anschaulich und prägnant
dargestellt.

Praxisnahe Hinweise vermitteln mit vielen Beispielen, wie theoretische Elemente in Gesprächen umgesetzt werden können. In
mehr als 90 praktischen Übungen (z.B. Gesprächsprotokollen,
Rollenspielen, Einschätzungsskalen zum Gesprächsverhalten,
Übungen zur Selbsterfahrung, Körperübungen) wird die Anwendung vertieft. Ein unverzichtbarer Ausbildungsbegleiter, der in
das Bücherregal all jener gehört, die in Beratung oder Therapie
tätig sind, bzw. tätig werden wollen.

Pressestimme
„Es ist ein Buch aus der Praxis für die Praxis der Gesprächspsycho-
therapie, die Sprache ist leicht verständlich und von wohltuender
Kürze, der Aufbau ist klar und systematisch strukturiert."
Gesprächspsychotherapie und Personzentrierte Beratung

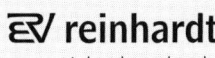
ℰ𝒱 reinhardt
www.reinhardt-verlag.de